中国文化经纬

中华水文化

张耀南 著

中国书籍出版社
China Book Press

图书在版编目（CIP）数据

中华水文化 / 张耀南著.--北京:中国书籍出版社，2021.1
（中国文化经纬/王守常主编）
ISBN 978-7-5068-8090-9

Ⅰ.①中… Ⅱ.①张… Ⅲ.①水–文化–中国 Ⅳ.①K928.4

中国版本图书馆 CIP 数据核字（2020）第218801号

中华水文化

张耀南　著

责任编辑	王星舒　牛　超
责任印制	孙马飞　马　芝
封面设计	东方美迪
出版发行	中国书籍出版社
地　　址	北京市丰台区三路居路97号（邮编：100073）
电　　话	（010）52257143（总编室）　（010）52257140（发行部）
电子邮箱	eo@chinabp.com.cn
经　　销	全国新华书店
印　　刷	三河市富华印刷包装有限公司
开　　本	635毫米×970毫米　1/16
字　　数	176千字
印　　张	17.5
版　　次	2021年1月第1版
印　　次	2024年9月第2版
书　　号	ISBN 978-7-5068-8090-9
定　　价	48.00元

版权所有　翻印必究

《中国文化经纬》系列丛书编委会

顾问 汤一介 杨辛 李学勤 庞朴
　　　 王尧 余敦康 孙长江 乐黛云
主编 王守常
编委（按姓氏笔画为序）
　　　 王平 王小甫 王守常 邓小楠
　　　 乐黛云 江力 刘东 许抗生
　　　 朱良志 孙尚扬 李中华 陈平原
　　　 陈来 林梅村 徐天进 魏常海

总　序

二十世纪三十年代，陈寅恪先生在冯友兰《中国哲学史》下册的《审查报告》中说："窃疑中国自今日以后，即使能忠实输入北美或东欧之思想，其结局当亦等于玄奘唯识之学，在吾国思想史上既不能居最高之地位，且亦终归于歇绝者。其真能于思想上自成系统，有所创获者，必须一方面吸收输入外来之学说，一方面不忘本来民族之地位。此二种相反而适相成之态度，乃道教之真精神，新儒家之旧途径，而二千年吾民族与他民族思想接触史之所昭示者也。"今天读陈先生的话，感慨良多。先生所言之义：佛教传入中国，其教义与中国思想观念制度无一不相冲突。然印度佛教在近千年的传播过程中不断调适，亦经国人改造接受，终成中国之佛教。这足以告知我们外来思想与中国本土思想能够融合、始相反终相成之原因，在于"必须一方面吸收输入外来之学说，一方面不忘本来民族之地位"。这就是我们经常讲的，当下中国文化必须"返本开新"。如有其例外者，则是"忠实输入不改本来面目者，若玄奘唯识之学，虽震荡一时之人心，而卒归于消沉歇绝"。

我以为近代中国落后于西方，不应简单视为文化落后，而是二千多年的农业文明在十八世纪已经无法比肩欧洲工业文明之生产效率与市场资源的合理配置，由此社会政治、国家管理制度也纰漏丛生。由是而观当下之中国，体制改革刻不容缓，而从五四时代以来的文化批判也需深刻反思。启蒙运动对传统文化的批评固然有时代需求，未经理性拷问的传统文化无法随时代而重生。但"五四运动"的先贤们也犯了"理性科学的傲慢"，他们认为旧的都是糟粕，新的都是精华，以二元对立的思考将传统与现代对峙而观，无视传统文化在代际之间促成了代与代的连续性与同一性，从而形成了一个社会再创造自己的文化基因。美国学者席尔思写了一部书《论传统》，他说：传统是围绕人类的不同活动领域而形成的代代相传的行为方式，是一种对社会行为具有规范作用和道德感召力的文化力量，同时也是人类在历史长河中的创造性想象的沉淀。因而一个社会不可能完全排除其传统，不可能一切从头开始或完全取而代之以新的传统，而只能在旧传统的基础上对其进行创造性的改造。此言至矣！传统与现代不应仅在时间序列上划分，在文化传承上可理解为"传统"是江河之源，而"现代"则是江河之流。"现代"对"传统"的理性诠释，使"传统"在"现代"得以重生。由此，以"同情的敬意"理解自己民族的文化传统是当下中国的应有之义，任何历史文化的虚无主义都要彻底摒弃。从"五四"先行者到今天的一些名士，他们对传统文化进行激烈批判，却也无法摆脱传统文化对自己的思维方式和价值观念的影响。这样的事实岂可漠视。

这套《中国文化经纬》丛书是在1993年刊行的《神州文化集成》丛书的基础上重新选目、修订而成。自那时到今天，持续多年的"文化热"、"国学热"，昭示着国人对自己民族文化的认同还处在进行时。文化决定了一个民族的性格，民族性格决定了一个民族的命运。中国文化书院成立至今已有30年了，书院同仁矢志不移地秉承着"让世界文化走进中国，让中国文化走向世界"之宗旨，不负时代的责任与担当。此次与中国书籍出版社合作出版这套丛书，期盼能在民族文化的自觉、自信、自强上有新的贡献。

王守常

2014年12月8日

于北京大学治贝子园

目 录

总序 ··· 1

引言　文化水从屈原流到沈从文 ······································ 1
　　屈子说举世皆浊我独清 ··· 1
　　沈从文说哀乐人事常是湿的 ······································ 5

第一章　中华文化之水氛围 ··· 11
　　一、水中宗教、神话与哲学 ······································ 12
　　二、中华文化从水开始 ··· 15
　　三、中华文人之水氛围 ··· 18

第二章　汭为中华文明之摇篮 ··· 25
　　一、只有中国同时有许多河流与许多水系 ················· 28
　　二、渐渐由黄河流域扩展至长江流域 ······················· 40
　　三、中国历史只有层层团结和步步扩展
　　　　之一种绵延 ·· 42
　　四、只有中国得到一个继长增荣不断
　　　　发展之机会 ·· 51

第三章　从水中文化看华夏血脉 56
　　一、水神女娲、雨、鱼与水 56
　　二、水中文化与华夏血脉 59
　　三、亦真亦幻神话水 68
　　四、水至清则无鱼 72

第四章　诗水意象之空间坐标 98
　　一、出走出走，醉卧江头 100
　　二、漂泊漂泊，扁舟他乡 111
　　三、启程启程，江水悠长 131

第五章　诗水意象之时间坐标 146
　　一、门前流水尚能西 146
　　二、京口瓜洲一水间 158
　　三、兰溪三日桃花雨 172

第六章　诗水意象之自身坐标 185
　　一、淮阴春尽水茫茫 185
　　二、长安水边多丽人 196
　　三、迢迢不断如春水 203

第七章　从知者乐水到善游者忘水 213
　　一、乐乎水而浴乎沂 213
　　二、观于海者难为水 220
　　三、长于水而安于水 227

目 录

第八章　从愿者上钩到闲钓江鱼 ················· 240
　　一、周西伯遇太公于渭之阳 ················· 240
　　二、万里清江雪满船 ····················· 244
　　三、孤舟独钓寒江雪 ····················· 248
　　四、只钓鲈鱼不钓名 ····················· 254
附录：都城营建要贯彻"得水为上"之精神 ············ 259
出版后记 ·························· 262

引言　文化水从屈原流到沈从文

屈子说举世皆浊我独清

屈原（公元前340—前284年）是带着"举世皆浊我独清，众人皆醉我独醒"信念，慨然赴死的。其实清浊醒醉，完全只是相对的。人情世事，谁清谁浊，谁醒谁醉，谁能说得清？

说"举世皆浊我独清，众人皆醉我独醒"，是一种自傲，也是一种自负；正是这自傲与自负，逼迫屈原，不得不自沉汨罗。

当然，死之方式不止一种。屈原在那时，既决定去死，完全还可以选择其他方式。但屈原却选择沉江而死，这不能不说是因为屈原对于水，有一种特别理解。

一方面，屈原生活之地，他被流放之地，到处都是水。出故都国门，从夏首东下，经洞庭、夏浦（今汉口）至陵阳，一路看到的，是水；向西南流浪，经鄂渚（今武昌）入洞庭，溯沅水至辰阳，终达溆浦，一路看到的，也是水；最后独自一人离开溆浦，顺沅水而下，在江湘汇流地方写下

《怀沙》和《惜往日》，接触最多、感触最多的，同样是水。常在水中走，哪有不恋水，屈原选择水为自己之归宿，恐怕不能说与这种环境无关。

另一方面，水有厚重历史与文化意蕴，这恐怕是屈原择水为归宿之另一个原因。在屈原之前，为理想而死的先圣先贤们，有选择饿死的，如伯夷、叔齐，有选择抱木而死的，如鲍焦、介子推（见《庄子·盗跖》诸篇），但更多的是选择赴水而死，这一点，屈原比谁都清楚。

据《庄子》记载，舜将天下让位给友北人无择，北人无择觉得舜这样做，是玷污了自己人格，"因自投清冷之渊"；

汤攻桀成功以后，欲让位给卞随，最初就对汤伐桀持保留意见的卞随，认为汤是用耻辱行为来玷污自己，"乃自投椆水而死"；

汤又欲让位给务光，务光最初也是对汤之伐桀持保留意见，此时亦觉汤污辱了自己，"乃负石而自沉于庐水"（以上均见《庄子·让王》）；

申徒狄诤谏而不被接纳，"负石自投于河，为鱼鳖所食"；

作为世之所谓最大忠臣，伍子胥亦是沉江而死；

尾生约女友相会于桥下，女友不来，"水至不去，抱梁柱而死"。（以上均见《庄子·盗跖》）

历史上这累累记载，肯定已经深入到准备就死的屈原心中。先圣先贤们赴水而死，作为一种历史与文化，对屈原影响，肯定是很大的。

屈原选择赴水而死，恐怕还有另一最根本缘由，就是他觉得唯有这一派清波，才配得上自己洁白高尚身躯，也唯有这一派清波，才能洗去自己在尘世间沾染之污垢。

于是屈原来到水边：

屈原至于江滨，被发行吟泽畔。

颜色憔悴，形容枯槁。

渔父见而问之曰："子非三闾大夫欤？何故而至此？"

屈原曰："举世皆浊而我独清，众人皆醉而我独醒，是以见放。"

渔父曰："夫圣人者，不凝滞于物，而能与世推移。

举世混浊，何不随其流而扬其波？

众人皆醉，何不哺其糟而啜其醨？

何故怀瑾握瑜，而自令见放为？"

屈原曰："吾闻之，新沐者必弹冠，新浴者必振衣。

人又谁能以身之察察，受物之汶汶者乎？

宁赴常流而葬乎江鱼腹中耳。又安能以皓皓之白，而蒙世之温蠖乎？"

乃作《怀沙》之赋。于是怀石，遂自投汨罗以死。

（《史记·屈原贾生列传》）

这是太史公司马迁，对于屈原赴水就死之最经典记述，这记述几千年来被千千万万人所引用。太史公说屈原和渔父分手后，"乃作《怀沙》之赋"，表达自己宁为玉碎、不为瓦全之高尚心胸。再之后"于是怀石遂自沉汨罗以死"。

对于屈原之死,太史公给予极大同情。他之为屈原立传,便是对屈原最大褒奖。他对于屈原之赞词,恐怕仅次于他之称赞孔子。

他说屈原之《离骚》是"其文约,其辞微,其志洁,其行廉,其称文小而其指极大,举类迩而见义远"(《史记·屈原贾生列传》);

他称颂屈原之行是"其行廉,故死而不容。自疏濯淖污泥之中,蝉蜕于浊秽,以浮游尘埃之外,不获世之滋垢,皭然泥而不滓者也。推此志也,虽与日月争光可也。"(《史记·屈原贾生列传》);

他说"余读《离骚》《天问》《招魂》《哀郢》,悲其志。适长沙,观屈原所自沉渊,未尝不垂涕,想见其为人"(《史记·屈原贾生列传》)。

总之对于屈原之死,太史公是既悲且憾。悲者,以洁白之躯竟至蹈水;憾者,以屈原之材"游诸侯,何国不容,而自令若是"!?

屈原死去了,汨罗之水却永远留在人们记忆里,每年五月初五端午节,人们都要用各种方式,在江水中纪念屈原。

屈原死去了,其"长太息以掩涕兮,哀民生之多艰"之理想,以及其"亦余心之所善兮,虽九死其犹未悔"之不屈意志,却永远留在人们记忆里,让后世文人在挫折与蒙垢中,稍得安慰。

沈从文说哀乐人事常是湿的

沈从文先生《我的写作与水的关系》一文，是著者所见唯一一篇论写作与水之关系的文章。把水与写作明确而直接联系到一起，在中华文论史上，并不多见。

从文先生开门见山，谈到了水对于自己之帮助：

檐溜，小小的河流，汪洋万顷的大海，莫不对于我有过极大的帮助。

我学会用小小脑子去思索一切，全亏得是水。

我对于宇宙认识得深一点，也亏得是水。

从文先生就出生在一个多水小城（山多之地水亦多），他这样描绘"我所生长的地方"：

地方东南四十里接近大河，一道河流肥沃了平衍的两岸，多米，多橘柚。

……一道小河从高山绝涧中流出，汇集了万山细流，

沿了两岸有杉树林的河沟奔驶而过，

农民各就河边编缚竹子做成水车，引河中流水，灌溉高处的山田。

河水长年清澈，其中多鳜鱼，鲫鱼，鲤鱼，大的比人脚板还大。

河岸上那些人家里,常常可以见到白脸长身见人善作媚笑的女子。
小河水流绕"镇筸"北城下驶,
到一百七十里后方汇入辰河,直抵洞庭。(《从文自传》)

从文先生将近十五岁时,离开这座绿水缠绕小城,到另一世界,另一道水边,去学那课永远学不尽的人生。他跟随部队驻扎到川东边上龙潭,这里有河水,他便常常去看水:

那地方既有小河,我当然也欢喜到那河边去,
独自坐在河岸高崖上,看船只上滩。
那些船夫背了纤绳,身体贴在河滩石头下,
那点颜色,那种声音,那派神气,总使我心跳。
那光景实在美丽动人,永远使人同时得到快乐和忧愁。
当那些船夫把船拉上滩后,各人伏身到河边去喝一口长流水,站起来再坐到一块石头上,把手拭去肩背各处的汗水时,照例总很厉害的感动我。(《从文自传》)

他后来患了一场大病,差点丢命。危险期刚过,便得知老同学陆弢同朋友赌气泅河,在小小疏忽中被洄流卷下淹死消息。第四天尸体从水中捞起,他去帮助收拾掩埋,看到死者那臃肿样子,他发生对于自己之疑问:

在这里病死、淹死、饿死或被流弹打死,有什么意义?横竖是死,不如向更远处走去,向生疏世界走去,多见几个

新鲜日头，多过几个新鲜桥，把自己生命押上去，赌一注试试，这样也许更合理一些，更快乐一些。

在床上，在山头，在水边，他呆想了四天，最后决定走出这大山，走出这绿水，到遥远北方去闯生活。

但无论怎样努力，从文先生却总也走不出水。他性情，他人格，他理想与命运，似乎与水永远有脱不断的关联：

到十五岁以后，我的生活同一条辰河无从分开。

我在那条河流边住下的日子约五年。

这一大堆日子中我差不多无日不与河水发生关系。

走长路皆得住宿到桥边与渡头，值得回忆的哀乐人事常是湿的。

至少我还有十分之一的时间，是在那条河水正流与支流各样船只上消磨的。

从汤汤流水上，我明白了多少人事，学会了多少知识，见过了多少世界！

我的想象是在这条河水上面扩大的。

我把过去生活加以温习，或对于未来生活有何安排时，必依赖这一条河水。

这条河水有多少次差一点儿把我攫去，

又幸亏他的流动，帮助我作着那种横海扬帆的远梦，

方使我能够依然好好的在这人世中过着日子！

……我虽离开了那条河流，

我所写的故事，却多数是水边的故事。

故事中我所最满意的文章，常用船上水上作为背景。

我故事中人物的性格，全为我在水边船上所见到的人物性格。

我文字中一点忧郁气氛，

便因为被过去十五年前南方的阴雨天气影响而来。

我文字风格，假若还有些值得注意处，

那只是因为我记得水上人的言语太多了。(《我的写作与水的关系》)

从文先生之写作的背景，是船上水边，之描写的故事，是发生在水边，故事中人物之性格，亦是水上人之性格；其文学风格，得益于水上人之言语；其忧郁气质，亦是源于南方阴雨天气之影响……总之是水，成就了从文先生，成就了其文学，成就了其写作，亦成就了其人格与气质。

从文先生流动而不凝固之情感，是一派清波影响而成；他幼小时较美丽生活，大都不能和水分离；他受业的学校，可以说永远设在水边；他学会思考，他对于美的认识，他对于人生之理解，常是得力于汤汤流水；几十年中，水永远是他良师与诤友，给他用笔以各式各样不同启迪；他最大理想，是再认真一些去写那些生死都和水分不开的平凡人平凡历史，去描述他们爱恶哀乐；水影响到他的教育，影响到他作品倾向，影响到他理想，影响到他人格发展，影响到他工作动力，亦影响到他的生命：

引言　文化水从屈原流到沈从文

水的德性为兼容并包，
从不排斥拒绝不同方式浸入生命的任何离奇不经事物！
却也从不受它的玷污影响。
水的性格似乎特别脆弱，且极容易就范。
其实则柔弱中有强韧，如集中一点，
即涓涓细流，滴水穿石，却无坚不摧。
水教给我粘合卑微人生的平凡哀乐，
并作横海扬帆的美梦，刺激我对于工作永远的渴望，
以及超越普通个人功利得失，追求理想的热情洋溢。
我一切作品的背景，都少不了水。
我待完成的主要工作，将是描述十个水边城市平凡人民的爱恶哀乐。
……这个分定对于我像是生存唯一的义务，无从拒绝。
因为这种平凡的土壤，却孕育了我发展了我的生命，
体会经验到一点不平凡的人生。(《一个传奇的本事》)

沈从文先生《我的写作与水的关系》还说，年纪六岁七岁时节，私塾在他看来实在是个最无意思的地方。他不能忍受那个逼窄的天地，无论如何总得想出方法到学校以外的日光下去生活。大六月里与一些同街比邻的坏小子，把书篮用草标各作下了一个记号，搁在本街土地堂的木偶身背后，就洒着手与他们到城外去，攒入高可及身的禾林里，捕捉禾穗上的蚱蜢，虽肩背为烈日所烤炙，也毫不在意。耳朵中只听到各处蚱蜢振翅的声音，全个心思只顾去追逐那种绿色黄色

跳跃伶便的小生物,到后看看所得来的东西已经够一顿午餐了,方到河滩边去洗濯,拾些干草枯枝,用野火来烧烤蚱蜢,把这些东西当饭吃。

直到这些小生物完全吃尽后,大家于是脱光了身子,用大石压着衣裤,各自从悬崖高处向河水中跃去。就这样泡在河水里,一直到晚方回家去,挨一顿不可避免的痛打。也是同样的逃学,有时阴雨天气,不能向河边走去,便上山或到庙里去,在庙前庙后树林或竹林里,爬上了这一株,到上面玩玩后,又溜下来爬另外一株。雨落大了,再不能做这种游戏时,就坐在楠木树下或庙门前石阶上看雨。雨落得越长,人也就越寂寞。那么大的雨,回家去说不定还得全身弄湿,不由得有点害怕起来,不敢再想了。

他于是走到庙廊下去,为作丝线的人牵丝,为制棕绳的人摇绳车。这些地方每天照例有这种工人做工,而且这种工人照例又还是他很熟悉的人。也就因为这种雨,无从掩饰他的劣行,回到家中时,他便更容易被罚跪在仓屋中。在那间空洞寂寞的仓屋里,听着外面檐溜滴沥声,他的想象力却更有了一种很好训练的机会。他得用回想与幻想补充他所缺少的饮食,安慰他所得到的痛苦。他因恐怖得去想一些不使他再恐怖的生活,因孤寂又得去想一些热闹事情方不至于过分孤寂。

第一章　中华文化之水氛围

到太空俯瞰我们居住的这星球，我们只看到一个绿色的泥丸在那里转动。这绿色不是森林，不是草原，而是像包皮一样裹着这星球的大海。在太空人或外星人眼里，这星球简直就是一水球。

这星球表面，有超过75%的区域被蔚蓝色的海水所占据。平原、丘陵、高山与沙漠，只不过是沧海之一粟，九牛之一毛。就连人类引以自豪的五大洲，亦不过是这水球上的一座座孤岛。相对于水，人类居住的这陆地，实在小得可怜。与其说人类是一种"陆上"生物，不如说他们是一群"岸边"歇客。

水流文化历史中。人类文明经历的这几千年，只不过是某种水中生物上岸歇息的短暂一瞬。就像一个长距离游水的人，免不了要爬到岸边喘口气，人类这种生物也正是在上岸喘气的当儿，如孩童游戏一般，"创造"了吾人引以自豪的"陆上"（"岸边"）文明。人类终归要回到水中去的。

在"岸边"，人类说自己是起于泥土又归于泥土；但从生物进化的全过程去看，实只能说人类是起于绿水又归于绿水。人类在"岸边"的歇息,终有一天要结束。

到那时,滔天的洪水又会再次淹埋人类在"岸边"歇息时"创造"的文明;说不定也还会再次幸存一叶方舟,留下下一轮文明的种子。

一、水中宗教、神话与哲学

1. 宗教说文明从洪水开始

"岸边"的这一轮文明,正是从洪水开始的。《圣经》中"洪水灭世"(Deluge)的记载,告诉我们人类文明如何在洪水中毁灭,又如何在洪水退去后新生。上帝见不得人世罪恶弥漫,便决意用洪水毁灭地上的一切生灵。

唯"义人"挪亚,蒙上帝宠爱,得造长形木柜,率家人及每种禽兽各一对,避开洪水袭击,做这一轮文明的始祖。巨泉的喷涌和四十天连降的大雨,告诉我们那时的人类遭遇了怎样的灭顶之灾。

中国的道教典籍,亦有"巨海"的记载;"八仙过海"的传说,更是广泛流传于中国民间。

2. 神话记载"大水居先"

在几乎所有民族的神话传说中,都有关于"大水居先"的记载,就是相信人类居住的这星球,是先有大水而后有陆地,而不是相反。满族天地形成的神话,认为大地乃是阿布卡恩用神土所造,在此之前只有洪水;布里亚特人的创世神

第一章 中华文化之水氛围

话，认为世界开初只有水，以及水中的一只大龟，天神命大龟仰于水上，才得在它的肚皮上造出大地；吉尔吉斯人神话也说宇宙之初，只有一片汪洋大海，海之正中有一石板，石上立一黑色公牛，大地只在那公牛之头的角上；类似的说法，也在塔塔尔人中广泛流传。

有水然后有陆地，是世界上诸多创世神话的共同主题；滔天洪水是如此深刻地映遗在先民的脑际，以致"洪水"的传说竟变成为全部人类的"集体无意识"。

据学者的考察，光是亚洲大陆东、南、北边缘及其海域，以及太平洋岛屿流传的神话，就有至少四种"水托大地"的说法。一谓神造岛后，岛在海上流动，飘浮不定，此为"流岛型"；一谓远古巨人在海中钓鱼，钓上的却是岛，此为"钓岛型"；一谓远古人类用了很长时间才在海中找到一块陆地定居，最后却发现原来只是住在鱼（或龟）背上，此为"鱼岛型"；最后一种是谓神用黏土或泥造出大地放到大海中，浮在水面，然后又命某种神物驮起它。

这些神话的共通点，是认为大地被水包围，陆地只是浮在水面的神造物。由此形成"天连水，水连天"之"宇宙海"世界观。

各民族神话传说里另一个共同的主题，是所谓"洪水泛滥"。《尚书·尧典》"汤汤洪水方割，荡荡怀山襄陵"，《益稷》"洪水滔天"，《吕氏春秋·爱类》"昔上古龙门未开，吕梁未发，河出孟门，大溢逆流，无有丘陵沃衍平原高阜，尽皆灭之，名曰鸿水"等记载，说的是这泛滥洪水；《淮南子·本经训》"共二氏振滔洪水,以薄空桑"之记载,说的是这泛滥洪水;牡丹江地区洪水神话,说洪水泛滥,阿布卡赫赫给人世扔下神奇柳枝,拯救生灵,说的是这泛滥洪水;遍布许多民族的洪水泛滥后葫芦保存人种的神话,尽管情节略有差异,但所涉及的亦均是这泛滥洪水。

由此可以推知,"洪水泛滥"也许是我们人类祖先的共同遭遇。地球上目前的文明,正是在这泛滥洪水之后,一步步发展起来的。

3. 哲学从水开始

中华哲学,其全部观点之两个最早源头——阴阳与五行,同样首先涉及水。

阴与水属同一序列,自不必传言;而其观念被称为"阴阳说"而非"阳阴说",又正表明阴(水)对于阳的牢不可破的优先地位。

"五行说"更是如此,《尚书·洪范》提到五行时,首先论列的便是水:"五行:一曰水,二曰火,三曰木,四曰金,五曰土。水曰润下,……润下作咸……。"中国先哲的哲学思维,无疑亦是从水开始的。

水不仅最早出现在各民族宗教、神话中,也最早出现在各民族之哲学中。水,以其特有的品性,第一个进入哲学家的视野。

西方哲学史上第一位哲学家泰勒士(约公元前624—前547年),就把水作为万物之始基提出来,认为水无穷无尽,永不消失，万物生于水又复归于水。其后原子论的思想先驱恩培多克勒（约公元前495—前435年）又用"四根"去解释世界，其中有一根就是"水"。

可以说，中西哲学之全部观念，差不多都是从水中生长起来的。

二、中华文化从水开始

说到中华文化，人们首先想到的便是黄河。黄河是中华民族的摇篮，黄河是中华民族的母亲河，仅这两句话，就足以显示黄河水对于中华文化的巨大意义。没有黄河，便没有中华民族，没有黄河水，便没有中华文明，这样的断语恐怕一点也不过分。

考古学、历史学与人类学的研究表明，人类的几乎所有文明，都是起源于水边，中华文明当然亦不能例外。黄河之于中华，恰如恒河之于印度、两河之于巴比伦，以及大海之于希腊。黄河、长江与珠江，构成为中华文化须臾不可离之三大主要血脉。

1. 观其流泉

我们的祖先"观其流泉"、"度其隰原"（《诗经·大雅·公刘》），首先总是择取河谷地区或水源充足之肥沃平原定居和生产。

这一方面固然有水利灌溉之便，可以以水为生、以农立国，另一方面，纵横交错的江河湖泽，却又常常招来洪水之灾。我们的先人，不得不世世代代同洪水做斗争。中华民族以治水而闻名于世，中华文化之基本格局，可以说正是在这治水中奠定的。

2. 治水平土

"治水平土"的大禹及其影响，乃是中华民族现存文明之巨树的根基，从某一方面代表了华夏民族文化创造之成就极其艰苦历程，成为民族精神之化身。

大禹既是治水斗争之神人、部落战争之枭雄，又是制造铜器之匠神、德人贤君之表率。"大禹治水"的传说，差不多已不是一种神话，而是一种现实，一段真实的历史。中华现存文明的基调，便是定于这段历史。

大禹的功绩，明载于《尚书》《诗经》《左传》《国语》《论语》《墨子》《庄子》《孟子》《荀子》《韩非子》《吕氏春秋》等先秦典籍。大禹治水，"劳天下而死为社"的业绩，亦明载于上述典籍及《淮南子》《尸子》《吕览》等文献中。

《墨子》称"昔者禹之湮洪水，……亲自操橐耜而九杂天下之川，腓无胈，胫无毛，沐甚雨，栉疾风"，可见大禹治水之忙、之艰辛。为了治水，他累得面目黧黑，甚至半身麻痹；为了治水，他顶风冒雨，十年不能归家；为了治水，他放弃了一切享受，最后死于劳累。

中华文化所崇拜的人格精神，是大禹奠定的；中华民族之民族精神，最早便是体现于"大禹治水"的伟大事业中。

3. 女娲止水补天

汉民族洪水传说中，除了"大禹治水"的传说外，还有"女娲补天"、"精卫填海"等传说，这些传说亦与水紧密相连。《淮南子·览冥训》述："女娲补天"云：

> 往古之时，四极废，九州裂，天不兼覆，地不周载。火炎而不灭，水浩洋而不息，猛兽食颛民，鸷鸟攫老弱。于是女娲炼五色石以补苍天，断鳌足以立四极，杀黑龙以济冀州，积芦灰以止淫水。苍天补，四极正，淫水涸，冀州平，狡虫死，颛民生。

可见"女娲补天"之传说，不只是讲"补天"，还讲到了"治水"、"正极"和"屠龙"。尤其"治水"，更值得我们重视，因为据考证，人类在远古遭遇特大洪水，乃是一个事实。

挪亚洪水，据希伯来人年表推测，约发生于公元前2448年或2345年；"大禹治水"，据推断约发生在公元前3000年后期；女娲"止水补天"，与大禹"治水平土"，当是发生于同一时期。

4. 棺材被视为死者灵魂渡仙河之具

关注到水的文化意义，除了汉民族外，中国境内的其他少数民族，亦不无涉及。

如"仰韶人"在公元前6000多年前，便已意识到水之象征意义。他们在装殓夭折之人的瓮棺盖上绘上"人面鱼纹"，象征其重归子宫，投胎再生，——就像鱼在水里（水象征母体）游来游去。

再如赫哲族人，他们认为阴间与阳间以河（他们称为"三银彼拉"）为界，此岸为阳，彼岸为阴。人死去时，他们在每位死者手中放上一把桨，好让他们摆渡到彼岸。云南德昂族人也十分重视水的文化意义。

他们把棺材视为"船"，认为棺材乃是死者灵魂渡仙河之具。人将咽气，生者便把一枚银币放到死者口中，以作过仙河之渡资。

还有广西壮族、毛南族"买水洗浴"的葬俗，均无不表示水在人类生活中的重要意义。

对于这些民族的先人而言，死乃是新一轮生命的开端，而水正是完成此再生过程的一个必备条件。水象征着胞血，象征着羊水，象征着母体，水在"生育——再生——死亡"之过程里，有着稳定的象征意义。

三、中华文人之水氛围

想到传统中国文人之生活，我们首先想到的便是"渡口"、"桥头"、"扁舟"、"天涯"、"港湾"、"雨巷"一类与水有关的地与物，以及"流浪"、"漂泊"、"浮沉"、"淡泊"

一类与水有关的事。

1. 渡口、扁舟、雨巷

因为传统社会交通以水路为主的关系，水与中国的文人，似乎有一种特别的缘分。这当然不是因为只有文人才能见到水，不是的，每一个出门在外的人都经常地遭遇水，而只是因为文人有一颗不同于常人的敏感的心，以及一份不同于常人的坎坷的经历。

有了这心和这经历，人们经常遭遇却又经常"视而不见"的水，才在文人那里获得深厚的文化意蕴。水而带有某种文化味，是中国的文人造成的。

由水而进入到文化中，构成中国文化一道特别的风景。这风景，便是中国文人第一层的水氛围。随便翻开哪部中国的文化典籍，我们便能见到这道风景的层层面面。

当我们谈到"一羽示风向，一草示水流"这句话时，心中总浮现出一幅特别的图景，仿佛看到潺潺流水之中，一株柔弱的小草，在那里摇头晃脑。水作为一种象征，在中国文化里有极普遍的应用。像"山雨欲来风满楼"、"天要下雨，娘要嫁人"、"长江后浪推前浪"、"雨过地皮湿"之类的警言，几乎随处可见。

2. 一江春水向东流

当我们读到"一江春水向东流"这句话，我们首先想到恐怕就是南唐后主李煜，以及前面那句泣血的发问："问君能有几多愁?"一江春水，在这里成了后主寄托哀怨的最好物象：没有什么东西能如这一江春水，恰如其分地表达出后主的寒心与忧愁。

水在这里不是快乐的象征，而是苦寒的象征：水似乎不是什么好东西。类似的象征还有"一波未平，一波又起"、"人往高处走，水往低处流"、"木秀于林，风必摧之；堆出于岸，流必湍之；行高于人，众必非之"等等。

对于身处逆境的人，中国文化里也有很多与水有关的劝慰。如"一网打不尽天下鱼"、"冰冻三尺，非一日之寒"、"天涯何处无芳草"、"狂风不终朝，骤雨不终日"以及"沉舟侧畔千帆过，病树前头万木春"等等。

3. 水之好与不好

关于水的不好的一面，中国文化里的说法还有很多。说到水的威力时，有"水可载舟，亦可覆舟"之说，亦有"水壅而溃，伤人必多"、"月满则亏，水满则溢"之说；说到水的可怕时，有"防民之口，甚于防川"之说，亦有"如临深渊，如履薄冰"之说；说到水的无奈时，有"针插不进，水泼不进"之说，亦有"泼水难收"或"覆水难收"之说；说到水的无情时，有"学如逆水行舟，不进则退"之说，亦有"落花有意，流水无情"之说，更有"各人自扫门前雪，莫管他人瓦上霜"、"跳进黄河洗不清"、"大水冲了龙王庙"之说。

当然，水亦有友善的一面。传统文人常常用水来表达人与人之间的友谊，如"四海之内皆兄弟"、"海内存知己，天涯若比邻"、"吃水不忘挖井人"等等，均是表达这方面的意思。要说明先善于人然后才能指望人善于己的道理，就用"不行春风，难望夏雨"一句来形容。说一个人心胸宽广，大肚能容，就用"宰相肚里好撑船"来形容。说一个人得到了及时的帮助，有"久旱逢甘雨"之形容。说人各有志，人各有归，有"雁归海滨，鸡落草棚"之形容。又用"近水楼台先得月"、"春江水暖鸭先知"等，说明就近的好处；用"如人饮水，冷暖自知"等，说明同道之间的心照不宣；用"泰山不让土壤，河海不择细流"等，说明某人心胸的广阔；用"井水不犯河水"等，说明界限的分明；又用"任凭风浪起，稳坐钓鱼台"等，说明某人的稳健；更用"放长线，钓大鱼"之类，说明某人的深谋远虑。

4. 海水不可斗量

水，仿佛可以拿来形容任何东西。水，可以用来形容人世兴衰的无常，如"三十年河东，三十年河西"之类；可以用来形容誓死不变的雄心，如"不到黄河心不死"之类；可以用来形容女子的柔情及传统社会嫁女的现实，如"柔情似水"、"嫁出去的女，泼出去的水"之类；亦可以用来形容人事的有所不为才能有所为、有所破才能有所立，如"不塞不流，不止不行"之类……总之水在中国文化里，好像是最无定性、最不专一的东西，是最靠不住、最不能持久的东西。

比如海水，一方面它与人心巨测联系在一起，如"人心难测，海水难量"、"人不可貌相，海水不可斗量"等等；另一方面它又跟胸襟的广阔联系在一起，如"海不辞水。故能成其大；山不辞石，故能成其高"、"山不厌高，海不厌深"以及"海阔凭鱼跃，天高任鸟飞"等等；同时它又成为有某种强烈差异的对比物，如"不积细流，无以成江海"、"海枯终见底，人死不知心"以及"观于海者难为水，游于圣人之门者难为言"等等。似乎海水是可以任人评说的。

5. 最具典型意义之水描写

中国文化里三个最具典型意义的水描写，恐怕是如下三条：（1）"知者乐水，仁者乐山"；（2）"靠山吃山，靠水吃水"；（3）"常在河边走，难免不湿鞋"。

第一条涉及人的性情，第二条涉及人的生计，第三条涉及人的品格。在第一条里，水是知者的象征；在第二条里，水是生计的一端；在第三条里，水便成为推卸责任的借口。水之于中国文化，确实奇特而又高妙。

中国传统文人的水氛围，是奇特而又复杂的。除了上述所谓社会的与语言的层面外，还有所谓文字的、政治的与战争的层面，尤其是战争的层面。在中国传统的政治角斗中，战争是唯一的最后解决方式。而水又在某些关键场合，决定了战争的成败。这样水与战争，就发生了某种不仅是实际上的，而且是文化上的关联。

6. 与水有关之最著名战例

发生在公元前638年的"泓水之役"，就是因为水而延缓了宋国业已开始的霸业。齐国霸业衰落以后，宋襄公兴起了与楚争霸的雄心。周襄王十四年（公元前638年），宋举兵攻郑，楚伐宋以救郑。两军战于泓水（今河南柘城西北）。楚军渡河，宋襄公不以为然，以"君子不乘人之危"为理由，拒绝了大司马公孙固主张出击的建议。楚军既渡，在水边尚未排成阵势，公孙固再请出击，宋襄公仍以"君子不鼓不成列"为由予以拒绝。楚军排好阵势后开战，结果宋军大败，宋襄公亦受重伤而退。宋国霸业的受阻，正在于宋襄公并不懂得水在这次战役中的重大意义。

160年后，东南的吴越演就了另一幕喜剧。这一次的越军，正是充分利用了笠泽江水，才取得了战争的胜利。发生在周敬王四十二年（公元前478年）的这场越吴之战，吴师6万，越军只有5万，本来吴师要占优势。但当两军对峙于笠泽江畔（今江苏吴淞江南），双方均不能取胜时，兵少的越军首先想到了水的作用。入夜，越左右军溯江五里，夜半鸣金渡江，至水中央而不进，引诱吴军分兵来御。待吴分兵五里外，越之中军衔枚渡江，偷袭吴军中营，吴中军大乱。已分之吴军急欲回救，又遭越左右军登岸阻杀，吴军终于大败。此次战役可以说越军是胜于水，吴军亦是败于水。

此等战争在中国历史上，实在是太多了。绿林军沘水败莽军（22年）。奠定起义军成败之基础，是一例；瓦岗军大败隋军王世充部于洛水（618年），反败为胜，是一例；浙东农民军以三溪之水淹没官军（800年），声振中原，是一例；岳飞逼杨幺起义至岸上，使其水战特长不得发挥，杨幺起义至此失败（1135），是一例；石达开阻于大渡河，又恰逢暴雨洪水，无以渡河，终致全军覆没（1863），是一例；中国人民解放军强渡长江，解放江南大片国土（1949）。亦是一例。

中国历史上与水有关之最著名战例，恐怕要数"垓下之围"、"淝水之战"、"四渡赤水"及"卢沟桥之战"。这一类的战争，在很大程度上，改写了中国政治与文化的历史。

垓下之围，项羽不肯过江东，最后自刎乌江，刘邦自此建立刘汉天下（公元前203年），影响中国几千年；淝水之战，晋军利用渡河之机大败秦主苻坚，从而大大延缓了少数民族文化的南侵（383），影响中国文化至深至远；四渡赤水，中央红军成功地摆脱敌军围追堵截，取得战略转移的胜利（1935），一定程度上改写了中国的现代史；卢沟桥之战，日军开始全面侵华，把中华民族拖进长达八年的艰苦战争岁月（1937），几乎改变了每个中国人的命运。在生死存亡的关键时刻，水似乎常常扮演着很重要的角色。

中华文人，就在这样的一种水氛围中，繁衍生息。水对于他们，不仅是生命之源，而且是精神之源，文化之源。水不仅养育了他们的肉身，也养育了他们的精神与灵魂，养育了他们的人格与理想。

他们在水中看到远古，看到当下，也看到自己与民族之未来……

第二章　汭为中华文明之摇篮

钱穆先生有名著《中国文化史导论》，其第一章《中国文化之地理背景》，可视为中华水文化之专篇。核心观点即是：汭为中华文明之摇篮。

钱穆（1895—1990）先生，字宾四，笔名公沙、梁隐、与忘、孤云，晚号素书老人、七房桥人，斋号素书堂、素书楼。吴越太祖武肃王钱镠之后。现代著名历史学家、思想家、教育家。台湾"中央研究院"院士，台北故宫博物院特聘研究员。中国学术界尊之为"一代宗师"，更有学者谓其为中国最后一位士大夫、国学宗师，与吕思勉、陈垣、陈寅恪并称为"史学四大家"。

先任燕京大学国文讲师，后历任北京大学、北平师范大学、西南联大、齐鲁大学、华西大学、四川大学、云南大学、江南大学等校教授。1949年赴香港创办新亚书院（香港中文大学前身）。1967年迁台北任中国文化学院（今中国文化大学）史学教授。著述颇丰，专著多达80余种。

其文化思想，本下列信念而展开：

一曰同化更新——"其实中国民族常在不断吸收，不断融和，和不断的扩大与更新中。但同时他的主干大流，永远存在，而且极明显的存在，并不为继续不断地所容纳的新流所吞灭或冲散。我们可以说，中国民族是禀有坚强的持续性，而同时又具有伟大的同化力的。这大半要归功于其民族之德性与其文化之内涵。"①

二曰化外——"而且中国人对外族异文化，常抱一种活泼广大的兴趣，常愿接受而消化之，把外面的新材料，来营养自己的旧传统。中国人常抱着一个'天人合一'的大理想，觉得外面一切异样的新鲜的所见所值，都可融会协调，和凝为一。这是中国文化精神最主要的一个特性。"②

三曰化佛——"在此一千年内，中国人不仅将印度佛教思想全部移植过来，而且又能把他彻底消化，变为己有，因此在以后的中国，佛教思想便永远不再成为指道人生的指南针。"③

四曰化耶——"即以儒家思想与耶稣教义论之，在儒家思想的系统下，尽可接受耶教教理。耶教最高教理在'信仰上帝创世'，儒家思想之主要中心则为'性善论'。在人性皆善的理论上加上一个人类由上帝创造的学说是无伤大体的。因为人类由上帝创造，亦未必便见人性皆恶。但反过来，在耶教教理方面，却不能轻易接受儒家思想，因为你若真相信人性皆善，则不得不接受如孟子所说：'人皆可以为尧舜'，

---

① 《中国文化史导论》页23，北京：商务印书馆，1994年6月第1版
② 《中国文化史导论》页205，北京：商务印书馆，1994年6月第1版
③ 《中国文化史导论》页181，北京：商务印书馆，1994年6月第1版

及禅宗所谓'自性自佛'的话,从此发展引申,便要对耶教一切仰赖上帝的宗教理论,加以无形的打击了。循此而下,耶稣教势非亦变成一变相的儒家不止。因此儒家思想可以容忍耶稣教,耶稣教却不能容忍儒家思想。在晚明及清初,中国人可以接纳利玛宝,但西方教会则必须排斥利玛宝,便为此故。"①

五曰化欧美——"如是中国人当前遇到了两个问题。第一:如何赶快学到欧、美西方文化的富强力量,好把自己国家和民族的地位支撑住。第二:是如何学到了欧、美西方文化的富强力量,而不把自己传统文化以安足为终极理想的农业文化之精神斲丧或戕伐了。换言之,即是如何再吸收融和西方文化而使中国传统文化更光大与更充实。若第一问题不解决,中国的国家民族将根本不存在;若第二问题不解决,则中国国家民族虽得存在,而中国传统文化则仍将失其存在。世界上关心中国文化的人,都将注意到这两个问题。"②

六曰天下主义——"中国古代人,一面并不存着极清楚极显明的民族界线,一面又信有一个昭赫在上的上帝,他关心于整个下界整个人类之大羣全体,而不为一部一族所私有。从此两点上,我们可以推想出他们对于国家观念之平淡或薄弱。因此他们常有一个'天下观念'超乎国家观念之上。他们常愿超越国家的疆界,来行道于天下,来求天下太平。周

---

① 《中国文化史导论》页221—222,北京:商务印书馆,1994年6月第1版
② 《中国文化史导论》页204—205,北京:商务印书馆,1994年6月第1版

初封建时代，虽同时有一两百个国家存在，但此一两百国家，各个向着一个中心，即周天子。正如天空的群星，围拱一个北斗，地面的诸川，全都朝宗于大海。国家并非最高最后的，这在很早已成为中国人观念之一了。"①

此外就是教育自主——"在中国文化体系中，教育即负起了其他民族所有宗教的责任。儒家教义，主要在教人如何为人。亦可说儒教乃是一种人道教，或说是一种人文教，只要是一个人，都该受此教。"（钱穆先生 1974 年 9 月在韩国延世大学之讲演）"今天，我们东方人的教育，第一大错误，是在一意模仿西方，抄袭西方。"（钱穆先生 1974 年 9 月在韩国延世大学之讲演）

钱先生毕生弘扬中华传统文化，高举现代新儒家旗帜，在大陆、香港、台湾均产生巨大影响。代表作有《先秦诸子系年》《中国近三百年学术史》《国史大纲》《中国文化史导论》《文化学大义》《中国历代政治得失》《中国历史精神》《中国思想史》《宋明理学概述》《中国学术通义》等。论文集有《中国学术思想史论丛》《中国文化丛谈》等。

一、只有中国同时有许多河流与许多水系

兹录钱穆先生《中国文化史导论》第一章《中国文化之地理背景》之相关论述。

---

① 《中国文化史导论》页47—48，北京：商务印书馆，1994 年 6 月第 1 版

第二章　汭为中华文明之摇篮

钱先生说：

中国是一个文化发展很早的国家，他与埃及、巴比伦、印度，在世界史上上古部分里，同应占到很重要的篇幅。但中国因其环境关系，他的文化，自始即走上独自发展的路径。在有史以前，更渺茫的时代里，中国是否与西方文化有所接触，及其相互间影响何如，现在尚无从深论。但就大体言，中国文化开始，较之埃及、巴比伦、印度诸国，特别见为是一种孤立的，则已成为一种明显的事实。

此段论及四大文明古国。耀南辑案：四大文明古国分别指古巴比伦、古埃及、古印度、中国。四大文明古国，实即世界四大文明发源地，四个大型人类文明最早诞生地，稍后的爱琴文明未被包含其中。四大古文明时间先后不重要，重要的是它们是后来诸多文明之发源地。它们是原生文明，而其他文明属于派生文明，深受临近地区原生文明之影响。

中国文化不仅比较孤立，而且亦比较特殊，这里面有些可从地理背景上来说明。埃及、巴比伦、印度的文化，比较上皆在一个小地面上产生。独有中国文化，产生在特别大的地面上。这是双方最相异的一点。人类文化的最先开始，他们的居地，均赖有河水灌溉，好使农业易于产生。而此灌溉区域，又须不很广大，四围有天然的屏障，好让这区域里的居民，一则易于集中而到达相当的密度，一则易于安居乐业

29

而不受外围敌人之侵扰。在此环境下，人类文化始易萌芽。埃及尼罗河流域，巴比伦美索不达米亚平原，印度印度河流域，莫不如此。印度文化进展到恒河流域，较为扩大，但仍不能与中国相比。中国的地理背景，显然与上述诸国不同。

四大文明古国有异说。梁启超《二十世纪太平洋歌》（写于1900年）认为"地球上古文明祖国有四：中国、印度、埃及、小亚细亚是也"，此说较准确。美国威廉·麦克高希《世界文明史》称"古巴比伦、古埃及、古印度、中国、古希腊是世界上的五大文明发源地"，将"古希腊"列入，乱了辈分。美国斯塔夫里阿诺斯《全球通史》认为"中东、印度、中国和欧洲这四块地区的肥沃大河流域和平原，孕育了历史上最伟大的文明"，将"欧洲"列入，同样乱了辈分。

钱先生说：

普通都说，中国文化发生在黄河流域。其实黄河本身并不适于灌溉与交通。中国文化发生，精密言之，并不赖借于黄河本身，他所依凭的是黄河的各条支流。每一支流之两岸和其流进黄河时两水相交的那一个角里，却是古代中国文化之摇篮。那一种两水相交而形成的三角地带，这是一个水丫杈，中国古书里称之曰"汭"，汭是在两水环抱之内的意思。中国古书里常称渭汭、泾汭、洛汭，即指此等三角地带而言。我们若把中国古史上各个朝代的发源地和根据地分配在上述的地理形势上，则大略可作如下之推测。

第二章　汭为中华文明之摇篮

唐、虞文化是发生在现在山西省之西南部，黄河大曲的东岸及北岸，汾水两岸及其流入黄河的丫杈地带。夏文化则发生在现在河南省之西部，黄河大曲之南岸，伊水、洛水两岸，及其流入黄河的丫杈地带。周文化则发生在现在陕西省之东部，黄河大曲之西岸，渭水两岸，及其流入黄河的丫杈地带。这一个黄河的大隈曲，两岸流着泾、渭、伊、洛、汾、涑几条支流，每一条支流的两岸，及其流进黄河的三角丫杈地带里面，都合宜于古代农业之发展。而这一些支流之上游，又莫不有高山迭岭为其天然的屏蔽，故每一支流实自成为一小区域，宛如埃及、巴比伦般，合宜于人类文化之生长。而黄河的几个渡口，在今山西省河津、临晋、平陆诸县的，则为他们当时相互交通的孔道。

此处论及渭汭、泾汭、洛汭等等。耀南辑案："汭"为两条水流汇合处。《说文》：汭，水相入也。《书·尧典》：釐降二女于妫汭。注云："水所入曰汭。"《左传·昭公二七年》：令尹子常以舟师及沙汭而还。"汭"又为河流、湖泊之弯处。《左传·昭公元年》：馆于洛汭。《左传》：虢公败戎于渭汭。杜预注："水之隈曲曰汭。""汭"又为水滨。《孙子》：客绝水而来，勿迎之水汭，令半济而击之，利。唐杜牧注云："水内乃汭也，误为内耳。""汭"又为水流之北。《书·禹贡》：弱水既西，泾属渭汭。孔传云："水北曰汭。""汭"又为水名，一在山西省永济县境，西流注于黄河，传说即舜纳二妃处；一在江西铅山县境，为上饶江支流；一为泾水支流，发源于宁夏回族自治区泾源县南，至甘肃泾川县流入泾水。

钱先生说：

> 据中国古史传说，虞、夏文化极相密接，大概夏部族便从洛水流域向北渡过黄河，而与汾水流域的虞部族相接触。其主要的渡口为平陆的茅津渡，稍东的有孟津。周部族之原始居地，据旧说乃自今陕西渭河上流逐步东移。但据本书作者之意见，颇似有从山西汾河下流西渡黄河转到陕西渭河下流之可能。无论如何，周部族在其定居渭河下游之后，常与黄河东岸汾水流域居民交通接触，则为断无可疑之事。因此上述虞夏周三氏族的文化，很早便能融成一体，很难再分辨的了。这可以说是中国古代较为西部的一个文化系统。

此处论及周部族自今陕西渭河上流逐步东移情形。耀南辑案：周属姬姓部族，发祥于关陇地区，以熊（大人）为图腾，父、母系分别是黄帝有熊氏和炎帝后裔有邰氏，为姬姓与姜姓长期通婚之后裔。

据《史记》等文献记载，周人祖先是黄帝曾孙帝喾和元妃姜嫄的儿子后稷。周初周天子姬发大封诸侯时，其中姬姓国五十三个。春秋战国之后多数诸侯国多以被封之地为姓，姓氏合一，如魏国灭亡后，魏国王族以魏为姓，吴国贵族则以吴为姓，等等。姬姓封国封邑之后代既多以被封之地为姓，就出现周、吴、郭、鲁、唐、魏、韩等姓。他们都是周族之子孙。

第二章　汭为中华文明之摇篮

钱先生说：

中国古代的黄河，流到今河南省东部，一到郑县境，即折向北，经今河南浚县大伾山下，直向北流，靠近太行山麓，到今天津附近之渤海湾入海。在今安阳县（旧彰德府）附近，便有漳水、洹水流入黄河，这里是古代殷、商氏族的政府所在地。他们本由黄河南岸迁来，在此建都，达二百八十年之久。最近五十年内，在那里发掘到许多牛胛骨与龟版，上刻贞卜文字，正为此时代殷、商王室之遗物，因此我们对于此一时期中在此地域的商文化，增多了不少新智识。

原来的商族，则在今河南省归德附近，那里并非黄河流经之地，但在古代则此一带地面保存很多的湖泽，最有名的如孟诸泽、蒙泽之类。也有许多水流，如睢水、濄水（即涣水）之类。自此（归德）稍向北，到河南中部，则有荥泽、圃田泽等。自此稍东北，山东西部，则有菏泽、雷夏、大野等泽。大抵商部族的文化，即在此等沼泽地带产生。那一带正是古代淮水、济水包裹下的大平原，商代文化由此渐渐渡河向北伸展而至今河南之安阳，此即所谓殷墟的，这可以说是中国古代较为东部的一个文化系统。这一个文化系统，再溯上去，或可发生在中国之极东，燕、齐滨海一带，现在也无从详说了。

此处论及商部族在孟诸泽、蒙泽、荥泽、圃田泽、菏泽、雷夏、大野等沼泽地带产生。似可说商文明就是一种沼泽文明。耀南辑案：根据泥炭沼泽发育过程、泥碳累积过程，可将沼泽分为低位、中位和高位，即富营养、中营养和贫营养三类。富养沼泽，又称低位沼泽，为沼泽发育之最初阶段。沼泽表面低洼，经常成为地表径流和地下水汇集之所。水源补给主要为地下水，随水流带来大量矿物质，营养较为丰富，灰分含量较高。其中植物主要是苔草、芦苇、嵩草、木贼、桤木、柳、桦、落叶松、落羽松、水松等等。

中养沼泽，又称中位沼泽，为过渡类型，由雨水与地表水混合补给，营养状态中等。有富养沼泽植物，也有贫养沼泽植物。苔藓植物较多，但尚未形成藓丘，地表形态平坦。其土壤有泥炭土与潜育土之分，故有泥炭沼泽和潜育沼泽两大类。按植被生长情况，可将其分为草本沼泽、泥炭藓沼泽和木本沼泽。

贫养沼泽，又称高位沼泽，为沼泽发育最后阶段。泥炭藓增长，泥炭层增厚，沼泽中部隆起，高于周围，故名高位沼泽或隆起沼泽。水源补给仅靠大气降水，灰分含量低，营养贫乏。沼泽植物主要是苔藓植物和小灌木杜香、越橘以及草本植物棉花莎草，尤其以泥炭藓为优势，形成高大藓丘，故贫养沼泽又名泥炭藓沼泽。主要分布在北方针叶林带，由于多水、寒冷和贫营养，泥炭藓成为优势植物，还有少数草本、矮小灌木及乔木，如羊胡子草、越橘、落叶松等。

耀南辑案：商为五帝至夏长时期里商丘之地名。商为华夏文明发祥地、商族发源地、商业、商文化发源地、商朝最早建都地。商都南亳位于今河南省商丘市睢阳区坞墙镇与高辛镇一带。雄踞睢水之滨，东望芒砀山，北濒孟潴泽（钱先生书中为孟诸泽），襟喉关陕，控扼淮海，堪称一代名都。史载，商族兴起于黄河下游一带，其始祖契佐禹治水有功，被舜封于商，赐姓子氏。从契至汤，共十四代。商先公在夏周边地带不断迁徙，寻求发展机缘，"自契至于成汤八迁"。史家对八迁地点有异议，但对"汤始居亳"有共识。自汤起，都亳者凡十王，至仲丁始迁于嚣（即隞，位于今郑州附近），后盘庚又迁回亳地。

钱先生说：

但在有史以前很早时期，似乎上述的中国东西两大系统的文化，早已有不断的接触与往来，因此也就很难分辨说他们是两个系统。更难说这两大系统的文化，孰先孰后。

现在再从古代商族的文化地域说起。因为有新出土的甲骨文为证，比较更可信据。那时商王室的政治势力，似乎向西直达渭水流域，早与周部族相接触，而向东则达今山东、河北两省沿海，中间包有济水流域的低洼地带。向东北则直至辽河流域，向南则到淮水流域，向西南则到汉水流域之中游，说不定古代商族的文化势力尚可跨越淮、汉以南，而抵达长江北岸。这些地带，严格言之，早已在黄河流域外，而远在商代早已在中国文化区域里。及到周代兴起，则长江流域、汉水、淮水、济水、辽河诸流域，都成为中国文化区域之一部分，其事更属显明。

以上论及商族之势力范围：东北至辽河流域，南至淮水流域，西南至汉水流域中游，亦可能已跨越淮、汉以南，而抵长江北岸。耀南辑案：辽河为中国东北地区南部河流，汉以前称句骊河，汉称大辽河，五代后称辽河。发源于河北省平泉县七老图山脉之光头山，流经河北、内蒙古、吉林、辽宁四省、自治区，全长1345公里，注入渤海。中国七大河流之一，流域面积21.9万平方公里。淮水，即淮河，干流发源于桐柏山主峰太白顶北麓山谷，全长1000公里。历史上因其有独立入海口，流域广大，而与长江、黄河、济水齐名，并称"四渎"，为中国重要内陆河之一。汉水，又称汉江、汉江河，长江最大支流，源头有三：中源漾水、北源沮水、南源玉带河。三源均在秦岭南麓陕西宁强县境。流经沔县（现改为勉县，太俗），称沔水；东流至汉中，始称汉水；自安康至丹江口段，古称沧浪水；襄阳以下，别名襄江、襄水。流经陕西、湖北两省，于武汉市汉口龙王庙入长江。长1577公里，流域面积17.43万平方公里，居长江水系各流域之首。历史上占据重要地位，常与长江、淮河、黄河并称"江淮河汉"。

钱先生说：

我们只根据上文约略所谈，便可见古代中国文化环境，实与埃及、巴比伦、印度诸邦绝然不同。埃及、巴比伦、印度诸邦，有的只借一个河流，和一个水系，如埃及的尼罗河。有的是两条小水合成一流，如巴比伦之底格里斯与阿付腊底

第二章 汭为中华文明之摇篮

河,但其实仍只好算一个水系,而且又都是很小的。只有印度算有印度河与恒河两流域,但两河均不算甚大,其水系亦甚简单,没有许多支流。只有中国,同时有许多河流与许多水系,而且都是极大和极复杂的。那些水系,可照大小分成许多等级。如黄河、长江为第一级,汉水、淮水、济水、辽河等可为第二级,渭水、泾水、洛水、汾水、漳水等则为第三级,此下还有第四级第五级等诸水系,如汾水相近有涑水,漳水相近有淇水、濮水,入洛水者有伊水,入渭水者有澧水、滈水等。此等小水,在中国古代史上皆极著名。中国古代的农业文化,似乎先在此诸小水系上开始发展,渐渐扩大蔓延,弥漫及于整个大水系。

以上论及中华水系五级之划分:第一级黄河、长江等,第二级汉水、淮水、济水、辽河等,第三级渭水、泾水、洛水、汾水、漳水等,第四级第五级如汾水相近有涑水、漳水相近有淇水与濮水、入洛水者有伊水、入渭水者有澧水与滈水等。

著者以为分中华水系为六级,也许更好:出境之水为第一级,如澜沧江、鸭绿江等;自己入海之水为第二级,如长江、黄河等;入第二级者为第三级,汉水、淮水、济水、辽河等;入第三级者为第四级,渭水、泾水、洛水、汾水、漳水等;入第四级者为第五级,如汾水、漳水、洛水、渭水等;入第五级者为第六级,如涑水、淇水、濮水、伊水、澧水、滈水等。此种"中华水系六级说",可视为对钱穆先生"中

37

中华水文化

华水系五级说"之增补。

钱先生说：

> 我们只要把埃及、巴比伦、印度及中国的地图仔细对看，便知其间的不同。埃及和巴比伦的地形，是单一性的一个水系与单一性的一个平原。印度地形较复杂，但其最早发展，亦只在印度北部的印度河流域与恒河流域，他的地形仍是比较单纯。只有中国文化，开始便在一个复杂而广大的地面上展开。有复杂的大水系，到处有堪作农耕凭借的灌溉区域，诸区域相互间都可隔离独立，使在这一个区域里面的居民，一面密集到理想适合的浓度，再一面又得四围的天然屏障而满足其安全要求。如此则极适合于古代社会文化之酝酿与成长。但一到其小区域内的文化发展到相当限度，又可借着小水系进到大水系，而相互间有亲密频繁的接触。因此中国文化开始便易走进一个大局面，与埃及、巴比伦、印度，始终限制在小面积里的情形大大不同。若把家庭作譬喻，埃及、巴比伦、印度是一个小家庭，他们只备一个摇篮，只能长育一个孩子。中国是一个大家庭，他能具备好几个摇篮，同时抚养好几个孩子。这些孩子成长起来，其性情习惯自与小家庭中的独养子不同。这是中国文化与埃及、巴比伦、印度相异原于地理背景之最大的一点。

此处"家庭喻"非常重要：埃及、巴比伦、印度为小家庭，只备一个摇篮，只能长育一个孩子，此其所以短命，兴

第二章　汭为中华文明之摇篮

勃亡忽也；中华为大家庭，能具备好几个摇篮，同时抚养好几个孩子，此其所以长命万岁，天长地久也。

钱先生说：

其次再有一点，则关于气候方面。埃及、巴比伦、印度全都近在热带，全在北纬三十度左右，物产比较丰足，衣食易给，他们的文化，大抵从多量的闲暇时间里产生。只有中国已在北温带的较北地带，在北纬三十五度左右。黄河流域的气候，是不能和埃及、印度相比的，论其雨量，也远不如埃及、印度诸地之丰富。古代中国北部应该和现在的情形相差不远，我们只看周初时代豳风七月诗里所描写那时的节令物产以及一般农民生活，便知那时情形实与现在山西、陕西一带黄河、渭水附近甚相类似。因此中国人开始便在一种勤奋耐劳的情况下创造他的文化，较之埃及、巴比伦、印度之闲暇与富足的社会，又是绝不相似了。

此处论及四大文明古国之不同气候条件：古埃及、古巴比伦、古印度处热带，全在北纬三十度左右，物产丰足，衣食易给，文化大抵从多量闲暇时间里产生；唯吾中华，处北温带较北地带，在北纬三十五度左右。耀南辑案：热带，南北回归线之间地带，地处赤道两侧，南北纬 23°26′之间，占地表总面积 39.8%。太阳高度终年很大，一年有两次太阳直射，能得到强烈阳光照射，气候炎热。全年高温，变幅很小，只有相对热季和凉季之分或雨季、干季之分。北温带位于北纬66.5度到北纬23.5度之间,即北回归线与北极圈之间。今亚洲、欧洲、北美洲之大部,位于此范围。四季变化明显,人口众多,终年受极地气团影响。冬季表层水温较低,但盐度小,含氧量多,水汽团垂直交换强。

二、渐渐由黄河流域扩展至长江流域

钱先生说:

根据上述,古代中国因其天然环境之特殊,影响其文化之形成,因有许多独特之点,自亦不难想象而知。兹再约举其大者言之。

第一:古代文化发展,皆在小环境里开始,其缺点在于不易形成伟大的国家组织。独有中国文化,自始即在一大环境下展开,因此易于养成并促进其对于政治、社会凡属人事方面的种种团结与处理之方法与才能。遂使中国人能迅速完成为一内部统一的大国家,为世界同时任何民族所不及。

第二:在小环境里产生的文化社会,每易遭受外围文化较低的异族之侵凌,而打断或阻碍其发展。独有中国文化,因在大环境下展开,又能迅速完成国家内部之团结与统一,因此对于外来异族之抵抗力量特别强大,得以不受摧残,而保持其文化进展之前程,逐渐发展。直至现在成为世界上文化绵历最悠久的国家,又为世界任何民族所不及。

第三:古代文明多在小地面的肥沃区域里产生,因此易于到达其顶点，很早便失却另一新鲜向前的刺激，使其活力无地使用，易于趋向过度的奢侈生活，而招致社会内部之安逸与退化。独有中国文化，因在较苦瘠而较广大的地面产生，因此不断有新刺激与新发展的前途。而在其文化生长过程下，社会内部亦始终能保持一种勤奋与朴素的美德，使其文化常有新精力，不易腐化。直到现在，只有中国民族在世界史上仍见其有虽若陷于老朽，而仍有其内在尚新之气概，此又为并世诸民族所不逮。

因于上述三点，所以中国文化经过二三千年的发展，完成了他的上古史之后，一到秦、汉统一时代，正为中国文化开始走上新环境、新气象之另一进程，渐渐由黄河流域扩展至长江流域的时代。而与他同时的几个文明古国，如埃及、巴比伦、印度等，皆已在世界文化史上开始退出他们重要的地位，而让给其他的新兴民族来扮演另一幕的主角了。

以上三条"独特之点"之总结，给人醍醐灌顶之感。"中国人能迅速完成为一内部统一的大国家，为世界同时任何民族所不及"，此为中华"可大之道"；"对于外来异族之抵抗力量特别强大，得以不受摧残，而保持其文化进展之前程，逐渐发展""直至现在成为世界上文化绵历最悠久的国家，又为世界任何民族所不及"，此为中华"可久之道"；"直到现在，只有中国民族在世界史上仍见其有虽若陷于老朽，而仍有其内在尚新之气概，此又为并世诸民族所不逮"，此为中华"可新之道"。

"因于上述三点，所以中国文化经过二三千年的发展，完成了他的上古史之后，一到秦、汉统一时代，正为中国文化开始走上新环境、新气象之另一进程，渐渐由黄河流域扩展至长江流域的时代。而与他同时的几个文明古国，如埃及、巴比伦、印度等，皆已在世界文化史上开始退出他们重要的地位，而让给其他的新兴民族来扮演另一幕的主角了。"此为中华"可久可大可新"之道。

钱先生此等分析，可稍作调整，列"可久之道"为第一，"可大之道"为第二，"可新之道"为第三。调整之后，即可为中华文明独特性之顶级高论。

三、中国历史只有层层团结和步步扩展之一种绵延

钱先生说：

若照全世界人类文化已往成绩而论，便只有西方欧洲文化和东方中国文化两大系统，算得源远流长，直到现在，成为人类文化之两大主干。我们不妨乘便再将此两大文化约略作一简单的比较。

欧洲文化的远祖是希腊，希腊文化灿烂时期，正和中国西周乃至春秋、战国时代相平行。但双方有一极大的不同。希腊诸邦，虽则有他们共同的文化，却从没有他们共同的政治组织。希腊永远是一种互相独立的市府政治，每一市府，各成一单位。中国西周乃至春秋时代，虽亦同样有许多国家，

第二章 汭为中华文明之摇篮

每一国家虽则几乎亦同漾以一个城市,即中国古书中称为"国"的为中心,但这些国家,论其创始,大体都由一个中央政府,即西周王室所分封,或经西周王室之正式承认。因此西周时代的中国,理论上已是一个统一国家,不过只是一种"封建式的统一",而非后代郡县式的统一而已。中国此时之所谓"封建",亦和欧洲中世纪的封建不同。惟其如此,所以一到春秋时代,虽则西周王室东迁,他为中原诸侯共主的尊严早已失去,但还可以有齐桓公、晋文公一辈在列国诸侯中称霸为盟主的起来,代替王室,继续联合和好与统一的工作。这是西方希腊政治所不能完成的。因此西方希腊诸市府,一到中国秦、汉时代,便不免完全为罗马所吞灭,从此西方文化又要走入一新境界。但中国秦、汉时代,却并非如西方般,由外面来了一个新势力,把旧有的中国吞灭,中国秦、汉时代,只是在旧中国的内部,自身有一种改进,由封建式的统一,转变而成"郡县式的统一",使其统一之性质与功能,益增完密与强固而已。

当中华地面上成立"封建式的统一"时,希腊诸邦虽则有他们共同文化,却从没有他们共同的政治组织,无法完成继续联合和好与统一的工作;当中华地面上完成由封建式的统一转变而成"郡县式的统一"时,希腊诸市府已完全为罗马所吞灭,消失在历史尘埃中。钱先生此种"比较研究",正代表着"比较哲学研究"、"比较经学研究"、"比较文学研究"等等之方向。

钱先生说：

我们继此可以说到西方罗马与汉代之不同。罗马政府的性质，论其原始也和希腊市府一般。后来逐步向外伸张，始造成一个伟大的帝国。这一个帝国之组织，有他的中心即罗马城，与其四围之征服地。这是在帝国内部显然对立的两个部分。至于中国汉代，其开始并没有一个像希腊市府般的基本中心，汉代的中国，大体上依然承袭春秋、战国时代来，只在其内部组织上，起了一种新变化。这一种变化，即如上节所说，由封建式的统一转变成为郡县式的统一。因此汉代中国，我们只可说他有了一种新组织，却不能说他遇到一个新的征服者。罗马帝国由征服而完成，汉代中国则不然。那时的中国早已有他二三千年以上的历史，在商、周时代，国家体制早已逐渐完成了。一到汉代，在他内部，另有一番新的政治组织之酝酿与转化。因此在罗马帝国里面，显然有"征服者"与"被征服者"两部分之对立，而在汉代中国，则浑然整然，只是一体相承，并没有征服者与被征服者之区分。西方习惯称罗马为帝国（Empire），汉代中国决不然，只可称为一国家（Nation）。照西方历史讲，由希腊到罗马，不仅当时的政治形态变了，由市府到帝国，而且整个的国家和人民的大传统也全都变了，由希腊人及希腊诸市府变到罗马人与罗马帝国。而那时的中国，则人民和国家的大传统，一些也没有变，依然是中国人和中国，只变了他内部的政治形态，由封建到郡县。

第二章　汭为中华文明之摇篮

我们再由此说到罗马覆亡后的西方中古时期，和中国汉代覆亡后之魏晋南北朝时期，两者中间仍有显著的不同。罗马覆亡，依然和希腊覆亡一样，是遇到了一个新的征服者，北方蛮族。此后的欧洲史，不仅政治形态上发生变动，由帝国到封建，而且在整个的人民和国家的大传统上也一样的发生变动，由南方罗马人转变到北方日耳曼人，又由罗马帝国转变到中世纪封建诸王国。中国汉代的覆灭，并不是在中国以外，另来了一个新的征服者，而仍然是在中国内部起了一种政治形态之动荡。东汉以后，魏、蜀、吴三国分裂，下及西晋统一，依然可以说是一种政治变动，而非整个民族和国家传统之转移。此后五胡乱华，虽有不少当时称为胡人的乘机起乱，但此等胡人，早已归化中国，多数居在中国内地，已经同样受到中国的教育。

此处论及罗马帝国与中华汉代之比较研究。耀南辑案：罗马帝国以地中海为中心，跨越欧、亚、非三大洲，正式名称为元老院与罗马人民，中国史书称大秦、拂菻。图拉真在位时（98—117年）达极盛：西起西班牙、高卢与不列颠，东到幼发拉底河上游，南至非洲北部，北达莱茵河与多瑙河一带，地中海成为其内海，控制土地约500万平方公里，是欧西古代史上国土面积最大君主制国家之一。

395年，狄奥多西一世将帝国分给两个儿子，从此罗马帝国一分为二，永久分治。410年，日耳曼的西哥特人在领袖阿拉里克率领下，围攻罗马城，掠夺而去，西罗马帝国被西哥特王国取代。476年,罗马雇佣兵领袖日耳曼人奥多亚克废黜西罗马最后一帝,西罗马灭亡。欧洲自此进入千年中世纪。

汉为继秦之后中华大一统王朝,分西汉、东汉两期,历二十九帝,享国四百零七年。与欧洲罗马帝国约略同时,并列为当时世界最先进、文明、强大文明体。两汉奠定汉地范围:东并朝鲜,南包越南,西逾葱岭,北达戈壁,领土面积约1500万平方公里,人口六千余万占当时世界三分之一。华夏族自此逐渐被称为汉族。

钱先生说:

> 他们的动乱,严格言之,仍可看作当时中国内部的一种政治问题和社会问题,而非在中国人民与中国国家之外,另来一个新的征服者。若依当时人口比数论,不仅南方中国,全以中国汉人为主体,即在北方中国,除却少数胡族外,百分之八九十以上的主要户口依然是中国的汉人。当时南方政治系统,固然沿着汉代以来的旧传统与旧规模,即在北朝,除却王室由胡族为之,其一部分主要的军队由胡人充任以外,全个政府,还是胡、汉合作。中国许多故家大族,没有南迁而留在北方的,依然形成当时政治上的中坚势力,而社会下层农、工、商、贾各色人等,则全以汉人为主干。因此当时北朝的政治传统,社会生活,文化信仰,可以说一样承袭着汉代而仍然为中国式的旧传统。虽不免有少许变动,但这种变动,乃历史上任何一个时代所不免。若单论到民族和国家

第二章　汭为中华文明之摇篮

的大传统，文化上的大趋向，则根本并无摇移。

因此西方的中古时代，北方蛮族完全以一种新的民族出现而为此下西方历史之主干，旧的罗马人则在数量上已成被压倒的劣势而逐渐消失。反之，在中国史上，魏晋南北朝时代，依然以旧的中国人为当时政治、社会、文化各部门各方面之主干与中坚。至于新的胡人，只以比较的少数加入活动，如以许多小支流浸灌入一条大河中，当时虽有一些激动，不久即全部混化而失其存在了。这一层是中国魏晋南北朝时代和欧洲中古时期的绝大不同处。

因此西方的中古时期，可以说是一个转变，亦可说是一个脱节，那时的事物，主要的全是新兴的。北方日耳曼民族成为将来历史和文化之主干，这是新兴的。当时所行的封建制度，亦是新兴的。西方的封建，乃罗马政治崩溃后，自然形成的一种社会现象，根本与中国史上西周时代所谓的封建不同。中国的封建制度，乃古代中国统一政治进展中之一步骤、一动象；西方封建，则为罗马政治解消以后一种暂时脱节的现象。那时在西方主持联合与统一工作的，主要者并非封建制度，而为基督教的教会组织。这种教会组织又是新兴的。希腊、罗马和基督教会之三者，成为近代西方文化之三主源。在中国魏晋南北朝时代，虽同样有印度佛教之流入，并亦一时称盛，但在历史影响上，复与西方中古时期的基督教绝然不同。基督教是在罗马文化烂熟腐败以后，完全以新的姿态出现而完成其感化北方蛮族的功能的。但魏晋南北朝时代的中国，则以往传统文化并未全部衰歇。

孔子的教训，依然为社会人生之最大信仰与最大归趋，只在那时又新增了一个由印度传来的佛教，而一到唐代以后，佛教也到底与儒教思想相合流相混化。因此我们可以说，在欧洲中古时期，论其民族，是旧的罗马民族衰歇而新的日耳曼民族兴起。在中国则只在旧的中国汉民族里面增加了一些新民族新分子，胡人。论政治，在欧洲中古时期，是旧的罗马统治崩溃，而新的封建社会兴起。在中国则依然是秦、汉的政治制度之延续，根本上并无多少转换。论文化与信仰，在欧洲中古时期，则由旧的罗马文化转变到新的基督教文化。在中国，则依然是一个孔子传统，只另外又加进一些佛教的成分。却不能说那时的中国，由旧的孔教而变成为新的佛教了。

由此言之，西方的中古时期，全是一个新的转变，而魏晋南北朝时代的中国，则大体还是一个旧的沿袭。那些王朝的起灭和政权之转移，只是上面说的一种政治形态之动荡。若论民族和国家的大传统，中国依然还是一个承续，根本没有摇移。

"西方的封建，乃罗马政治崩溃后，自然形成的一种社会现象，根本与中国史上西周时代所谓的封建不同。中国的封建制度，乃古代中国统一政治进展中之一步骤、一动象；西方封建，则为罗马政治解消以后一种暂时脱节的现象。那时在西方主持联合与统一工作的，主要者并非封建制度，而为基督教的教会组织。"中华之"封建制度"与欧洲之"封建制度"完全不同，此真为学界振聋发聩之论！

钱先生说：

根据上述，来看近代西方新兴的民族国家，他们在西洋史上，又都是以全新的姿态而出现的。论其民族和国家的大传统，他们复和古代的希腊、罗马不同。但中国史则以一贯的民族传统与国家传统而绵延着，可说从商、周以来，四千年没有变动。所有中国史上的变动，伤害不到民族和国家的大传统。因此中国历史只有层层团结和步步扩展的一种绵延，很少彻底推翻与重新建立的像近代西方人所谓的革命。这是中西两方历史形态一个大不同处，因此而影响到双方对于历史观念之分歧。西方人看历史，根本是一个"变动"，常由这一阶段变动到那一阶段。若再从这个变动观念上加进时间观念，则谓历史是"进步"的，人类历史常由这一时代的这一阶段，进展到另一时代的另一阶段。但中国人看历史，则永远在一个"根本"上，与其说是变动，不如说是"转化"。与其说是进步，不如说是"绵延"。中国人的看法，人类历史的运行，不是一种变动，而是一种转化。不是一种进步，而是一种绵延，并不是从这一阶段变动、进步而达另一阶段，只是依然在这一阶段上逐渐转化、绵延。

变动、进步是"异体的"，转化、绵延则是"同体的"。变动、进步则由这个变成了那个。转化、绵延则永远还是这一个。因此西方人看历史，常偏向于"空间"的与"权力"的"向外伸展"；中国人看历史，常偏向于"时间"的与

"生长"的"自我绵延"。西方人的看法，常是"我"与"非我"两个对立。中国人的看法，只有自我一体浑然存在。双方历史形态之不同，以及双方对于历史观念之不同，其后面便透露出双方文化意识上之不同。这一种不同，若推寻根柢，我们依然可以说中西双方全都受着一些地理背景的影响。中国在很早时期，便已凝成一个统一的大国家。在西方则直到近代，由中国人眼光看来，依然如在我们的春秋、战国时代，列国纷争，还没有走上统一的路。

中国历史正因为数千年来常在一个大一统的和平局面之下，因此他的对外问题常没有像他对内问题那般的重要。中国人的态度，常常是反身向着内看的。所谓向内看，是指看一切东西都在他自己的里面。这样便成为自我一体浑然存在。西方历史则永远在列国纷争，此起彼伏的斗争状态之下，因此他们的对内问题常没有像他们对外问题那般的重要，西方人的态度，则常常是向外看的。所谓向外看，是指看一切东西都在他自己的外面，所以成为我与非我屹然对立。惟其常向外看，认为有两体对立，所以特别注意在空间的"扩张"，以及"权力"和"征服"上。惟其常向内看，认为只有一体浑然，所以特别注意到时间的"绵延"以及"生长"和"根本"上。

"中国史则以一贯的民族传统与国家传统而绵延着，可说从商、周以来，四千年没有变动。所有中国史上的变动，伤害不到民族和国家的大传统。因此中国历史只有层层团结和步步扩展的一种绵延,很少彻底推翻与重新建立的像近代西方人所谓的革命。这是中西两方历史形态一个大不同处,因此而影响到双方对于历史观念之分歧。"中华历史在永远之"返本开新"中,绵延不绝;欧西历史却在永远之"不断革命"中,废除"可久"。

四、只有中国得到一个继长增荣不断发展之机会

就中华文化"是彻头彻尾的农业文化",欧西文化"是彻头彻尾的商业文化"之问题,钱先生说:

其次说到双方经济形态,中国文化是自始到今建筑在农业上面的,西方则自希腊、罗马以来,大体上可以说是建筑在商业上面。一个是彻头彻尾的农业文化,一个是彻头彻尾的商业文化,这是双方很显著的不同点。

依西方人看法,人类文化的进展,必然由农业文化进一步变成商业文化。但中国人看法,则并不如此。中国人认为人类生活,永远仰赖农业为基础,因此人类文化也永远应该不脱离农业文化的境界,只有在农业文化的根本上再加绵延展扩而附上一个工业,更加绵延展扩而又附上一个商业,但文化还是一线相承,他的根本却依然是一个农业。

照西方人看,文化是变动的,进步的,由农到商截然不同。照中国人看,则文化还是根本的与生长的,一切以农为主。这里自然也有地理背景的影响。因为西方文化开始

如埃及、巴比伦等，他们本只有一个狭小的农业区，他们的农业文化不久便要达到饱和点，使他们不得不转换方向改进到商业经济的路上去。希腊、罗马乃至近代西方国家莫不如此。在中国则有无限的农耕区域可资发展，因此全世界人类的农业文化，只有在中国得到一个继长增荣不断发展的机会。

中国历史，在很早时期里，便已有很繁荣的商业了。但因中国开始便成为一个统一的大国，因此他的商业常是对内之重要性超过了对外。若西方各国，则常是对外通商的重要性超过了对内。因此双方对商业的看法，也便有异。西方常常运用国家力量来保护和推进其国外商业。中国则常常以政府法令来裁制国内商业势力之过分旺盛，使其不能远驾于农、工之上。因此在西方国家很早便带有一种近代所谓"资本帝国主义"的姿态，在中国则自始到今常采用一种近代所谓"民主社会主义"的政策。

再换辞言之，农业文化是自给自足的，商业文化是内外依存的。他是要吸收外面来营养自己的。因此农业文化常觉得内外一体，只求安足。商业文化则常觉彼我对立，惟求富强。结果富而不足，强而不安，因此常要变动，常望进步。农业文化是不求富强但求安足的，因此能自本自根一线绵延。

我们继此讲到科学和工业，科学知识和机械工业在现世界的中国是远为落后的。但中国已往历史上，也不断有科学思想与机械创作之发现，只因中国人常采用的是民主社会主

第二章 汭为中华文明之摇篮

义的经济政策,"不患寡而患不均"。对于机械生产,不仅不加奖励,抑且时时加以禁止与阻抑,因此中国在机械工业一方面,得不到一个活泼的发展。在中国的机械和工业,是专走上精美的艺术和灵巧的玩具方面去了。科学思想在中国之不发达,当然不止此一因,但科学没有实际应用的机会,自为中国科学不发达的最主要原因之一。①

此处论及"农业文化"与"商业文化"之分别。耀南辑案:农业文化或农耕文明,是华夏儿女以不同形式延续下来、传承至今的一种文化形态,其所蕴含之思想观念与文化品格,十分优秀,如团结统一、独立自主、爱好和平、自强不息、集体至上、尊老爱幼、勤劳勇敢、吃苦耐劳、艰苦奋斗、勤俭节约、邻里相助等等。其理想家庭模型,是"耕读传家",以"耕"维持家庭生活,以"读"提高家庭文化水准。中含自然和谐、乐天知命、懂得生命、合作包容、和谐发展等理念。

钱穆先生以"农业文化"称中华,以"商业文化"称欧西,似有偏颇。欧西立基于商业,也许有据可查;但中华并非仅立基于农业,而是农业文化、商业文化、游牧文化三者

---

① 钱穆《中国文化史导论》第 1—20 页,北京:商务印书馆,1994 年 6 月第 1 版

中华水文化

并举。①

---

① 钱穆《中国文化史导论》第一章论中华文明之"水背景",还有如下论述:"其次我们再说到中西双方对于人生观念和人生理想的异同。'自由'(Liberty & Freedom)一词是西方人向来最重视的。西方全部历史,他们说,即是一部人类自由的发展史。西方全部文化,他们说,即是一部人类发展自由的文化。'人生'、'历史'和'文化',本来只是一事,在西方只要说到'自由',便把这三方面都提纲挈领的总会在一处了。在中国则似乎始终并不注重'自由'这个字。西方用来和自由针对的,还有'组织'和'联合'(organization & Unity)。希腊代表着自由,罗马和基督教会则代表着组织和联合。这是西方历史和西方文化的两大流,亦是西方人生之两大干。我们只把握这两个概念来看西方史,便可一一看出隐藏在西方历史后面的一切意义和价值。

"但中国人向来既不注重自由,因此也便不注重组织和联合,因为自由和联合的后面,还有一个概念存在的,这便是'两体对立'。因有两体对立,所以要求自由,同时又要求联合。但两体对立,是西方人注重向外看,注重在空间方面看的结果。是由西方商业文化内不足的经济状态下产生的现象。中国人一向在农业文化中生长,自我安定,不须向外寻求,因此中国人一向注重向内看,注重在时间方面看,便不见有严重的两体对立,因此中国人也不很重视自由,又不重视联合了。

"中国人因为常偏于向内看的缘故,看人生和社会只是浑然整然的一体。这个浑然整然的一体之根本,大言之是自然、是天;小言之,则是各自的小我。'小我'与'大自然'浑然一体,这便是中国人所谓的'天人合一'。小我并不和此大自然体对立,只成为此体之一种根荄,渐渐生长扩大而圆成,则此小我便与大自然融和而浑化了。此即到达天人合一的境界。中国大学一书上所说的修身、齐家、治国、平天下,一层一层的扩大,即是一层一层的生长,又是一层一层的圆成,最后融和而化,此身与家、国、天下并不成为对立。这是中国人的人生观。

"我们若把希腊的自由观念和罗马帝国以及基督教会的一种组织和联合的力量来看中国史,便得不到隐藏在中国史内面深处的意义与价值。我们必先了解中国人的人生观念和其文化精神,再来看中国历史,自可认识和评判其特殊的意义和价值了。但反过来说,我们也正要在中国的文化大流里来认识中国人的人生观念和其文化精神。

"继此我们再讲到中西双方的宗教信仰。西方人常看世界是两体对立的,在宗教上也有一个'天国'和'人世'的对立。在中国人观念里,则世界只有一个。中国人不看重并亦不信有另外的一个天国,因此中国人要求永生,也只想永生在这个世界上。中国人要求不朽,也只想不朽在这个世界上。中国古代所传诵的立德、立功、立言三不朽,便从这种观念下产生。中国人只想把他的德行、事业、教训永远留存在这个世界这个社会上。中国人不想超世界超社会之外,还有一个天国。因此在西方发展为宗教的,在中国只发展成'伦理'。中国人对世界对人生的'义务'观念,反更重于'自由'观念。在西方常以义务与权利相对立,在中国则常以义务与自由相融合。义务与自由之融和,在中国便是'性'(自由)与'命'(义务)之合一,也便是'天人合一'。

第二章　汭为中华文明之摇篮

"西方人不仅看世界常是两体对立,即其看自己个人,亦常是两体对立的。西方古代观念,认人有'灵魂''肉体'两部分,灵魂部分接触的是理性的'精神世界',肉体部分接触的是感官的'物质世界'。从此推衍,便有西方传统的'二元论'的哲学思想。而同时因为西方人认为物质世界是超然独立的,因此他们才能用纯客观的态度来探究宇宙而走上科学思想的大园地。中国人则较为倾向'身心一致'的观念,并不信有灵肉对立。他看世界,亦不认为对我而超然独立,他依然不是向外看,而是向内看。他认为我与世界还是息息相通,融为一体。儒家思想完全以'伦理观'来融化了'宇宙观',这种态度是最为明显的。即在道家,他们是要摆脱儒家的人本主义,而从宇宙万物的更广大的立场来观察真理的,但他们也依然保留中国人天人合一的观点,他们并不曾从纯客观的心情上来考察宇宙。因此在中国道家思想里,虽有许多接近西方科学精神的端倪,但到底还发展不出严格的西方科学来。

"以上所述,只在指出中西双方的人生观念、文化精神和历史大流,有些处是完全各走了一条不同的路。我们要想了解中国文化和中国历史,我们先应该习得中国人的观点,再循之推寻。否则若从另一观点来观察和批评中国史和中国文化,则终必有搔不着痛痒之苦。"(钱穆《中国文化史导论》第1—20页,北京:商务印书馆,1994年6月第1版)

第三章　从水中文化看华夏血脉

无论中华文化，还是欧西文化，其中很多神话与典故，都与水有密切的关联，此种关联构成文人临水的另一种不可或缺的氛围。

一、水神女娲、雨、鱼与水

中华最早的开辟神话，并不是"盘古开天辟地"，而是"女娲炼石补天"。盘古神话迟至三国时代才出现。女娲的地位被盘古所取代，那是很久以后的事情。

1. 补天理水

女娲之所以要补天，是因为"共工与颛顼争为天子，不胜，怒而触不周山，使天柱折、地维绝"（《论衡·顺鼓》）。共工是神话中的水神，他触倒不周之山，使天地秩序大乱，洪水从地府里涌出，人类遭受劫难。女娲不忍，于是出面炼五色石补天理水，以拯救人类。

总之，"女娲炼石补天"神话，一开始就跟水联系在一起。就连其所炼五色石，据学者研究，亦是象征天上彩虹，亦跟水紧密相联。早在宋代，就已经有人把女娲所炼之五色石解释为"赤"，即日出日落时的彩霞。

后来女娲神话与禹神话结合在一起，更说明了女娲所为与水有关联。据《大戴礼·帝系》等典籍记载，禹的妻子乃涂山之女，谓之女娇，女娇又被写为女娲或女。《国语·晋语》认为"黄帝之母家有氏"，《史记·三皇本纪》写作"有娲氏"。娲相通，可知女娇、女侨、女，其实就是女娲。由《世本》"涂山氏号女娲"之记载，更可推知禹之妻即是女娲。

中华先人把女娲和禹结合到一起，也许并非随意安排，水在其中起了很大作用。把女娲和禹联系起来的，只有水。没有水，便没有大禹的地位；没有水，女娲亦无需炼石补天。女娲不仅被尊为水神，而且被尊为雨神，"雨不霁，祭女娲"（《论衡·顺鼓》），总之都与水有关联。

2. 皇帝命雨官祀雨神祈雨

雨在先民观念中，是十分神圣的，因为雨直接影响农耕和生计。雨不仅在农耕地带受推崇，就是在以狩猎生活为主的人群中，亦广泛传布着雨之信仰、仪礼与神话。在许多民族中，雨甚至直接就被认为是水神。

古代中国设有专门司雨的官，天旱时若这雨官乞不来雨，常常要被杀头。祈雨的方式，也有很多种。"琴瑟击鼓，以祭田祖"（《诗经·小雅·甫田》），是农民自以鼓乐祈雨；"雩，夏祭乐于赤帝,以祈甘雨也"(《说文》),是巫师以咒文与歌舞祈雨;"五夏命有司祀雨师"(《礼记·月令》),是皇帝命雨官祀雨神祈雨。有待东方苍龙出现时祈雨的,也有祀龙王、河伯、水神祈雨的,更有皇帝亲自祭社神祈雨的。祈雨的礼仪亦多种多样,有以火烧山祈雨者,有祭祀水神乞雨者,亦有祭祀圣地祈雨者。可见雨水在先民生活中之重要。

3. 鱼水之不能须臾分离

另一类与"水"有关的神话,是所谓"鱼"。鱼水之不能须臾分离的情形,自古即已进入先民的视野。《诗经·齐风·敝笱》"敝笱在梁,其鱼鲂鳏,齐子归止,其从如云;敝笱在梁,其鱼鲂鳄,齐子归止,其从如雨;敝笱在梁,其鱼鲂鲤,齐子归止,其从如雨"之诗句,说的就是鱼与云、雨、水之关联。

不管其所隐喻的是什么,总之都与水不可分离。《枯鱼过河泣》甚至以鱼得不到水,比喻男子得不到爱情,"枯鱼过河泣,何时悔复及,作书与鲂鲤,相教慎出入"。相反地,亦有以鱼水合欢,象征美好爱情者,如李白《白头吟》,其曰:"昔作一水鱼,今成两枝鸟,起折相思树,归赠知寸心。"

《山海经》中有"陵鱼"的记载,此鱼人面手足鱼身,系海中大鱼。此鱼后来又演变成美人鱼(鲛人)泣珠的传说:"南海中有鲛人,水居如鱼,不废机织,其眼能泣,则出珠。"(《述异记》)

据学者考证,颛顼、鲧、禹之神话,原型均是与水有关的鱼，此一神话系统，乃属一水神系统。颛顼的"死而复苏"、鲧的"化为黄熊而入羽渊"、"伯鲧腹禹"及治水神话等等，无一不显示出鱼在先民观念中之伟力所在。鱼被先民视为具神秘再生力与变化力之神圣动物，正说明鱼对于中华文明之重要，水对于中国民族之重要。因为鱼、水不能分离。

二、水中文化与华夏血脉

1. 黄河

长达 4600 百多公里，流经 9 省的黄河，是华夏文明之主脉。华夏民族与王权的摇篮，正在黄河中流伊、渭、汾、洛诸水画成的巨大区域。姒姓族绕伊水、洛水，而建立夏；子姓族以黄河岸边之郑州、安阳为中心，而建立商；姬姓族更以渭水中下游为中心，而建立周。夏以颛顼、鲧、禹为祖神，它们都是水神；商称黄河为"高祖河"，而将其置于与自己高祖并列之最高地位；周更以姬水为姓，其所奉之姬水神，后来演变成华夏诸族之共同始祖神——黄帝。

2. 伊水、洛水

古代中原文化，确切地说，不是建立在黄河上，而是建立在黄河边。黄河本身泛滥不止，害多利少；比较而言，它的支流，伊、洛、渭、汭诸水，却要清澈安稳得多。所以夏、商、周三代，便相继在这一片区域兴盛起来。与其说黄河本身是华夏民族的摇篮，不如说黄河两岸支流诸水，是华夏民族与文明的摇篮。

洛水源于陕西庆阳洛源县,东流经洛阳、偃师、巩县入黄河。"洛阳"即洛水之北之意,这是周公姬旦营建周代王朝的地方,也是后汉、西晋、后魏、隋、五代的帝都。洛水东过洛阳县南,伊水西来注入其中。周公筑都城于洛邑,只因洛阳居天下之中,建都于此之王朝,便可称为"中国"。汉高祖刘邦欲定洛阳为都,未果而卒;光武中兴以后,汉居洛邑,而成二百年功业。

传说黄帝游于洛水之上,见大鱼,乃煞五牲以醮之,于是天降七日七夜大雨,鱼流始得图书。又据说汤王得伊尹于伊水而天下大治;商汤伐桀之前,亦曾在洛水观帝尧之坛,沉璧以祭洛水之神。又传说汤王克夏后,大旱七年,洛川干涸,汤王乃自以为牺牲,祷于桑林,剪其爪发,终感天降大雨。

又传说武王伐商,周公制礼作乐,孔子坐于洛水之上;汉昭灵皇后生刘季;光武中兴;武则天得宝于洛水……几千年来之华夏文明,仿佛代代都与伊、洛有脱不开的干系。恰如史书所言:"昔三代之君,皆在河洛之间。"(《史记·封禅书》)《国语》亦言:"昔伊洛竭而夏亡。"可见伊、洛对王朝存亡之重要。"肃清河洛",几成英雄豪杰光复故土的固定用语。

3. 汾水

汾水源于太原汾阳县北管涔山,往东南流入太原,历汾州温城，经霍邑、洪洞、临汾诸县，于荣河县入黄河。刘曜隐居的管涔之山，便是汾水的源头。汾水南入河东，过永安县西，古称彘渠的地方，便是周厉王流放之地。东面的唐城，是帝尧建都之处。绕过光都唐城，汾水向东，又与彘水分流，水出东北太岳山。

这山是羌人的圣山，这岳是羌族的圣地。羌族人的祖神，便是这岳神。羌人因助周灭商有功，而被周王加封。甫申和许吕四个姜姓国，均系羌人所建。太岳山附近汾水流经的赵城，是周穆王加封造父之地。战国七雄中赵国的起源处，亦在这里。

大陵县东汾水流经处，据说是赵武灵王梦见处女鼓琴而歌的地方。平陶县汾水与石桐水合流处，有介子推之祠——桐西寺。介子推割肉食晋文公，文公忘赏，子推隐于绵上之山。文公始悟，焚山逼出，子推竟抱木而死。

汾水流经的安邑，据说是大禹的帝都。都城南门外之台，传说即是大禹娶涂山氏之女后，此女为登高望故国而筑。安邑东之巫咸山，乃是神话中的圣山。

4. 渭水

甘肃省兰州府渭源县西面的鸟鼠山，是渭水的发源地。渭水出山，东入陕西凤翔、金鸡、扶风、岐山诸县，而入西安，在咸阳与沣水合流。其与泾水合流处，在高陵县。再东至朝邑，过漆水、沮水，经临潼至华阴，终入黄河。

源于陕西蓝田的灞水，在长安之东注入渭水。水上的桥，被称为灞桥,那是汉代文人折柳相别、黯然神伤的地方。罗邺的"何事离人不堪听,灞桥斜日裹垂杨"(《灞诗》)诗句,曹唐的"灞水桥边酒一杯,送君千里赴轮台"(《送康祭酒赴轮台诗》)诗句,道出了多少文人的辛酸。

传说老子出关的地方,即是渭水流入的散关。在散关之东,老子著成"道"、"德"二经。也正是在这里,渭水和捍水合流,经武都故道县之故城西,再往前奔流。

5. 岐水、姜水

发源于陕西普润县,向东南流会合漆水后,注入渭水的岐水,是周王朝的发源地。渭水流经的邰城,是周族始祖后稷的封邑,其城北有姜原祠,供奉姜族的母神。岐水历周原而下,水乡成周聚,曰有周。周原是姬姓周族的母神。

顺岐水而东,经姜氏城南,便是姜水,这是姜氏始祖神农的始原地域。姬姜二氏。饮着同一条河水,岐水在上流,姜水在下游。助周灭商的最主要力量,便是姜太公统领的姜氏族武装。文王遇太公于渭水之阳,载舆俱归,立为师,终辅文王之子武王姬发,挥师向东,灭殷而建立周王朝。北流十二里注入渭水,一条名叫磻蹊的小河,其上有泉,曰兹泉,泉水潭积而成渊渚者,便是太公钓鱼的地方。其投竿跪饵处,两膝遗迹犹存。

6. 淮水

发源于河南南阳桐柏山的淮水,是一条极不稳定之河流。

第三章 从水中文化看华夏血脉

它东流经安徽省北部,出江苏省而与大运河相通,河道常常变换。金明昌五年,黄河自开封分南北两道,南流并入淮水河道;元至元二十三年,黄河与淮水全部合流。

淮水是历代兵家的必争之地。周宣王时代穆公师伐淮夷的战争,是发生在这里。范蠡助勾践复周灭吴后,北渡于淮,以临齐晋,号令中国,成为当时霸主的战争,是发生在这里。使在金兵营中为人质的康王,得渡淮水,奠定南宋王朝之基业,从而演成的"泥马渡康王"之故事,亦是发生在这里。项羽率八百勇士突出垓下,至淮水而只剩一百余骑,终于发出"时不利兮骓不逝,虞姬虞姬奈若何"之长叹的悲行,也是发生在这里。

助刘邦灭项羽的韩信,是在这淮水边长大的;他的"胯下之辱"的故事,也是发生在这淮水边;他功成名就,衣锦还乡,也是在这淮水的泗口南岸,设宴款待家乡父老以及给他饭吃使他不至于饿死的漂母;也是在这淮水边,他召来当年让他从胯下爬过,侮辱他的那个无赖,并命其为楚中尉……

淮水侪身"江河淮济",乃是古代中国常祭常祀的四渎之一。帝尧让位于舜,舜祭淮水之神。秦始皇统一中原,曾下令天下定时祭祀淮渎。天宝六年,唐玄宗诏封淮渎为长源公。宋代皇帝封淮水为长源王。至元代,更被加封为"淮渎长源溥济王"。

淮水于县枝分,北为游水。此水北迳东海利城县故城东,汉武帝元朔四年封城阳共王子婴为侯国,就是在这里。后王莽改游水为流泉,著名的羽山,即在流泉之北。传说大禹之父伯鲧被杀,就发生在这里。伯鲧违抗帝命,盗息壤以堙洪水,于是帝命火神祝融将其杀死于羽山。鲧死化为黄龙,潜于羽渊。这羽渊便是羽山之渊,是日落处,是幽冥的地府之国。据说鲧死三年而不腐,剖之以吴刀,破腹而生大禹。游水多水患,自古即有治淮水而失败者,由此演成这一幕神话治水的悲壮故事。游水上的苍梧之山,据说有仙人居住的石屋,有得道的神仙,终日在那里沉默独处。

淮水出胎簪后,由桐柏而导之,挟涡水而中注于泗。泗水是文人笔下著名的水流。泗水盱眙东北三十里,便是著名的龟山。支祈井,这个神话传说中大禹锁住淮河水神巫支祈的地方,就在龟山西南的绝壁之下。

《书经·禹贡》记载说,淮水盛产珍珠和美鱼。《诗经·小雅》记载说,淮水中有三个令人流连忘返之小岛:

鼓钟将将,淮水汤汤。
鼓钟喈喈,淮水湝湝。
鼓钟伐鼛,淮有三洲。

意思是说,淮水浅落后,河床上出现三个小岛,周幽王鼓钟其上,久而忘返。

吟咏淮水的诗篇,还有很多。如唐代诗人韦应物,遇老友李立薄及梁州故人于淮水畔,便留下了这样的诗句:

> 结茅临古渡，卧见长淮流。
> 窗里人将老，门前树已秋。
> 寒山独过雁，暮扇远来舟。
> 日夕蓬归客，那能忘旧游。
> 江汉曾为客，相逢每醉还。
> 浮云一别后，流水十年间。
> 欢笑情如旧，萧疏鬓已斑。
> 何因不归去，淮山有秋山。

再如徐积的《淮之水》，可说写尽了淮水无限风月：

> 淮之水，春风吹，春风洗。
> 青于蓝，绿染指，鱼不来，鸥不起。
> 潋潋滟滟天尽头，只见孤帆不见舟。
> 残阳欲落未落处，尽是人间今古愁。
> 今古愁，可奈何，莫使骚人闻棹歌。
> 我曹尽是浩歌客，笑声酒面春风和。

这样的淮水，现在恐怕是无法见到了。

7. 汉水

汉水发源于陕西省宁羌县北面之蟠冢山，初名漾水，经沔县称沔水，东流曰沧浪之水，至汉阳而入长江。汉水一反中国江河从西向东之流势，而走自北而南之流向。它在关中地区，是最重要的河流。在神话传说里，它是和天上的银河相对应的。换言之，银河是天上的汉水，而汉水是地上的银河。其"天汉"一名，即由此而来。

汉水流经湖北省一千米以上的山岳地带，至丹江口附近，河面宽达八百米以上，然后直泻平原，形成巨瀑，故有"汉水自天而降"之美名。这是一条长达1500多公里的长河，自古以来，它就一直被人们视为自天而降的神圣河流。

汉水的历史，是用战争与血流写成的。周昭王伐楚渡汉水，丧六师于汉水中，昭王本人亦死；吴王阖闾举全国之兵伐楚，在汉水和楚军交战，河水尽赤。血流漂杵；三国的孙坚死于沔水桃林亭东，其子孙策又死，直到次子孙权，才到达江东，建立东吴政权；诸葛孔明每常登游的乐山，便在沔水东流所经之地；孔明的旧居隆中，刘备三顾，咨以天下大事的地方，也是在这里；关羽曾围曹仁于汉水的襄阳，亦曾决堤汉水淹灭曹军步骑，大败曹操之左将军于禁；忽必烈占据汉水荆襄之地，控制汉水上流，才得顺汉水入长江，驱临安，最终灭亡南宋政权，统一中国……。这条自高原直泻平原的长河，自古即是兵家的必争之地。

汉水带给人们的灾难，甚至好像远在黄河之上。汉水暴涨，人畜皆没，是发生在周孝王七年冬；汉水横流，四千余户人家尽没水中，是发生在汉高祖三年；汉水溢，均、襄、荆三州民居及田产丧失殆尽，是发生在唐开成三年夏；汉水涨，郧以西庐舍人畜漂没无数，是发生在明太神洪武二十三年秋；大风断汉江浮桥，溺死数千人，是发生在明万历五年……

> 沧浪之水清兮，可以濯吾缨。
> 沧浪之水浊兮，可以濯吾足。

这是《楚辞》中"渔父"所唱的"沧浪歌"，这沧浪即是沧浪之水，即是汉水，亦即是夏水。汉水东流至湖北襄阳均州，过沧浪洲，即名曰"沧浪之水"。

8. 湘水

湘水发源于广西桂林兴安县的海阳山，流至湖南永州与潇水合流，合称"潇湘"。过衡山回雁峰后，又与蒸水合流，合称"蒸湘"。至沅州又与沅水合流，合称"沅湘"。潇湘、蒸湘、沅湘，合称"三湘"，指称湖南。

屈原投江自沉之地，便是湘江支流汨罗江。此江源出豫章，经湘阴后一分为二，南流曰汨，北流曰罗，至屈潭复合，合称汨罗江，向西流入湘水。自宋代宋迪始，潇湘八景入画，《梦溪笔谈》析八景为平沙落雁、远浦归帆、山市晴岚、江天暮雪、潇湘夜雨、烟寺晚钟、渔村落照、洞庭秋月。

明宣帝有《潇湘八景》诗，其中曰"高楼谁得江湖趣，坐听潇湘夜雨声"，极言湘水之美好。李白"远别离，古有皇英之二女，乃在洞庭之南，潇汀之浦"之诗句，即是在过潇湘入洞庭时所作。柳宗元之"春风无限潇湘忆，欲采苹花不自由"、王昌龄之"忆君遥在潇湘月，愁听清猿梦里长"

(《送别魏二》），均是起意于湘水。

一介武夫的朱元璋，统领大军路过湘水时，也禁不住写下了"马渡沙头苜蓿香，片云片雨渡潇湘，东风吹醒英雄梦，不是咸阳是洛阳"这样几句诗。

9. 长江

长江发源于（青海巴颜喀喇山之东），全长5200多公里，是亚洲第一大河流。上游称丽江或金沙江。流过四川、湖南、湖北、江西、安徽、江苏等九省后，注入东海。扬子江、大江、丽水、犁牛河、通天河等等，都是其别称。

长江居中国古代江淮河济"四大名川"之首，是历代帝王重点祭祀的名川之一。从尧舜禹时代起，就有祭祀江神之记载，夏商周三代，各有祭江的仪礼。

秦始皇渡江沉璧定祀，祭江神于蜀。汉武帝南巡时，曾祭江神。唐玄宗封江神为广源公，曾遣使祭江。宋仁宗更封长江之神为广源王。

祭祀江神的活动，一直延续到明清两代。故《河图括地象》谓长江"盛为四渎之首"。

三、亦真亦幻神话水

中华西南少数民族，主要有四个族群，即氐羌族群、百越族群、苗瑶族群及云南濮人族群。他们主要分布在四川、西藏、贵州、广西、云南等地。他们的神话中，都有着共同之洪水主题。

1. 共工是羌人之水神

共工是羌人之水神,其子句龙是后土之神。在起源上,姒姓夏族的水神鲧、禹,和羌族之水神共工、句龙,属同一序列,都是龙蛇之形。属于氐羌族群的土家族,尊雷公为水神。雷公为复仇,涨起齐天大水把人类收尽,只留下两个救过他命的好人。

他把天上十二口大潭全部放开,洪水泻向大地,洗劫人类:

> 天也不见了,地也不见了
> 天地连在一起了
> 天脚天边云铺了
> 山头山脚雾笼了
> 呼啦呼啦闪着了
> 轰隆轰隆响着了
> 狂风呼呼刮着了

这样的洪水使日月不见、河海不分,灭绝了人类和万物,只有姐弟两人浮在葫芦上,漂到南天门而得救。

《阿细的先基》是阿细人(亦属氐羌族群)的口诵史诗,其中的洪水神话,与"雷公复仇型"的洪水神话,有些不同。他们的洪水,是金银二神掀起的。结果躲进金柜、银柜、铜柜、铁柜之中的四对儿女，全部沉到洪水之中，唯有躲进木柜的小儿小女得救。

2. 彝族白族之洪水神话

彝族的创世神话，亦涉及洪水。说是天神要惩罚三兄弟，降下洪水，"鸭子的头挨着天，蝌蚪在天边游玩，鱼儿以松毛为食，水獭嚼着水果"。

洪水中，哥哥们被淹死，只有乘桐木桶的弟弟活了下来。

白族史诗《创世纪·洪荒时代》，说是龙王大怒，下了七年雨，毁灭了天下，"一下下了七年雨，下了七年怎么样？洪水满天下。天地怎样了？天崩地裂了。日月怎样了？日月没有了。人类怎样了？人类没有了。从此天下怎样了？从此天下黑乌乌"。

3. 布依族、侗族之洪水神话

百越族群的少数民族，同样亦有洪水的神话。贵州布依族流传着《洪水潮天》的故事。水族的创世神话说，天地开辟以后，宇宙洪水，人类始祖乘葫芦躲过洪水之劫：

　　在远古，洪水滔天。
　　淹死了，天下百姓。
　　喜好有，一对兄妹，
　　坐葫芦，逃脱生命。
　　生怪胎，实在伤心。

剁烂它，乌鸦叼起。
撒满了，山谷丛林。
碎肉渣，变成人种。
怪事传，从古到今。

侗族之"洪水神话"，说大雨一连下了九九八十一天，河水淹没了整个世界，只有张良张妹躲进葫芦，随水漂流，一直漂到天边。

4. 黎、泰雅、曹、苗、畲、瑶之洪水神话

黎族之"洪水神话"说是螃蟹肚里的黄水流了七天七夜，泻向人间。淹没了大地，使人类遭受洗劫。

台湾泰雅族的"洪水神话"，说是有一次来了大水，把所有地方淹埋，一切变成大海。布依族的"洪水神话"与蛇有关。

曹族的"洪水神话"，谓大海起洪水，人类避水到玉山。平埔族谓天地洪水，万物绝灭，唯余姐弟二人存活，成为诸族祖先。

苗瑶族群之苗瑶畲族，亦有自己的"洪水神话"。苗族有《洪水滔天歌》，畲族亦然。

瑶族的"洪水神话"说是洪水过后，瓜生人类：雷神降水。兄妹二人躲入瓜中得以生存……

"洪水神话"是一个世界性的人类起源的创世神话，这其中的"洪水"，不管是真是假，总那么令人神往，令人遐思，令人生出无限感慨。

四、水至清则无鱼

水与神话、典故的关系，是一个重要的学术课题，此处不欲深究。本书只就有关方面的内容，做一些罗列，以期引起大家之重视。

1. 水与中华神话

（1）一碗水

明陈仁锡《潜确类书》卷廿四："大成坡，在鹤庆府城东南，顶有泉，圆径尺许，深如之，终岁不溢，盛夏不涸。相传南诏蒙氏过此，三军无水，渴甚，拔剑插地，泉随涌出。至今行人资焉，谓之一碗水。"

（2）八仙过海

《东游记传》载，八仙过海时，吕洞宾倡议。不得乘云而过，须各以物投水，乘所投之物而过。铁拐李于是投杖水中，立其上乘风逐浪而渡。韩湘子以花篮投水中而渡。吕洞宾以箫管投水中而渡。蓝采和以拍板投水而渡。张果老以纸驴，曹国舅以玉版，汉钟离以鼓，何仙姑以竹罩投水中而渡。各显其神通，俱得渡海。

鲁迅《中国小说史略》云："传言铁拐（姓李名玄）得道，度钟离权，权度吕洞宾，二人又共度韩湘曹友，张果老、蓝采和、何仙姑则别成道，是为八仙。一日俱赴蟠桃大会，归途各履宝物渡海，有龙子受蓝采和所踏玉版，摄而夺之，遂大战。八仙'火烧东洋'，龙王败绩，请天兵来助，后得观音和解，乃各谢去，而'天渊迥别天下太平'之候，自此始矣。书中文言欲语间出，事亦往往不相属，盖杂取民间传说作之。"

（3）大泽

《山海经·大荒北经》载："有大泽，方千里，群鸟所解。"又，《海内西经》云："大泽方百里，群鸟所生及所解，在雁门北。"夸父追日神话中所言"北饮大泽，未至，道渴而死"之大泽，盖谓此。

（4）上池水

《史记·扁鹊仓公列传》索隐云："旧说云，上池水，谓水未至地，盖承取露及竹木上水，取之以和药，服之三十日，当见鬼物也。"

（5）马伏波射潮

清梁绍壬《两般秋雨庵随笔》卷六："廉州海中常有浪三口，连珠而起，声若雷轰，名三口浪。相传旧有九口，马伏波射减其六。屈（翁山）大均先生有《射潮歌》云：'后羿射日落其九，伏波射潮减六口；海水至今不敢骄，三口连珠若雷吼。'人知钱王射潮，而伏波射潮罕有知者。"

（6）飞泉

《楚辞·远游》云："吸飞泉之微液兮。"洪兴祖补注引张楫云："飞泉，飞谷也，在昆仑西南。"

（7）女坟湖

《汉唐地理书钞》辑《陆广微吴地记》云："赵晔《吴越春秋》云，阖闾有女，哀怨王先食蒸鱼，乃自杀。王痛之，厚葬于阊门外。其女化为白鹤，舞于吴市，千万人随观之。后陷成湖，今号女坟湖。"

（8）历阳湖

《古今图书集成·职方典》卷八三九："历阳湖在（和）州西治，（含山）县东治，距六十里，悉为湖。而中有岐：近州曰历湖，近县曰麻湖，周百余里。传闻古有老姥，遇两书生，谓之曰：'此地当为湖，视东门石龟目赤，其期也，急上山勿反顾。'自此姥数往视龟。门吏久觉之，诈涂鸡血于龟目。姥一见，遽走，地已为湖矣。"

（9）太公涓

清马骕、《绎史》卷十九引《苻子》云："太公涓钓隐溪，五十六年矣，不得一鱼。季连往见之。太公涓跽石隐崖，不饵而钓，仰咏俯吟，暮则释竿。其膝所处石皆如臼，其跗触石若路。季连曰：'钓本在鱼，无鱼何钓？'公曰：'不见康王父之钓乎？涉蓬莱，钓巨海，摧岸投纶，五百年矣，未尝得一鱼，方吾犹一朝耳。'果得大鲤，有兵钤在其中。"

（10）天河

晋张华《博物志·杂说》载："旧说云，天河与海通。近世有人居海渚者，年年八月有浮槎，去来不失期。人有奇志，立飞阁于槎上，多赍粮，乘槎而去。十余日中，犹观星月日辰，自后芒芒忽忽，亦不觉昼夜。去十余日。奄至一处，有城郭忧,屋舍甚严,遥望宫中多织妇。见一丈夫。牵牛渚次饮之。牵牛人乃惊问曰:'何由至此?'此人具说来意,并问此是何处。管曰:'君还至蜀郡,访严君平则知之。'竟不上岸,因还如期。后至蜀问君平,曰:'某年月日有客星犯牵牛宿。'计年月,正是此人到天河时也。"

(11) 凶水

《淮南子·本经训》载:"尧乃使羿……杀九婴于凶水之上。"高诱注云:"北狄之地有凶水。"

(12) 从渊

《山海经·大荒南经》云:"大荒之中,有不庭之山,荣水穷焉。……有渊四方,四隅皆达,北属黑水,南属大荒。北旁名曰少和之渊,南旁名曰从渊,舜之所浴也。"郭璞注云:"言舜在此澡浴也。"

(13) 丹水

《太平御览》卷六三引《吕氏春秋》云:"尧有丹水之战以服南蛮。"注云:"水出丹鱼,先夏至十日,夜伺之,鱼浮水侧,赤光上照如火,网而取之,割其血以涂足,可以步行水上,长居渊中。"

(14) 水马

《山海经·北山经》云:"求如之山,……滑水出焉,而西流注于谐匋比之水,……其中多水马,其忧如马,文臂牛尾,其音如呼。"

(15) 水仙

晋王嘉《拾遗记》卷十:"屈原以忠见斥,隐于沅湘,披蓁茹草，混同禽兽，不交世务，采柏叶以合桂膏，用养心神；被王逼逐，乃赴清冷之水。楚人思慕，谓之水仙。其神游于天河，精灵时降湘浦。楚人为之立祠，汉末犹在。"《天隐子》云："在天曰天仙，在地曰地仙，在水曰水仙。"

（16）水君

晋崔豹《古今注》卷中云："水君，状如人，乘马，众鱼皆导从之，一名鱼伯。大水乃有之。汉末有人于河际见之。人马有鳞甲，如大鲤鱼，但手足目鼻与人不异耳。见人良久，乃入水中。"

（17）水虎

北魏郦道元《水经注·沔水》云："（沔）水中有物，如三四岁小儿，鳞甲如鲮鲤，射之不可入。七八月中，好在碛上自曝。膝头似虎，掌爪常没水中，出膝头。小儿不知，欲取弄戏，便杀人。或曰，人有生得者，摘其皋厌，可小小使之。名为水虎者也。"

（18）水仙操

汉蔡邕《琴操》卷上云："《水仙操》者，伯牙之所作也。伯牙学琴于成连先生，先生曰：'吾能传曲，而不能移情。吾师有方子春者，善于琴，能作人之情，今在东海上，子能与我同事之乎？'伯牙曰：'夫子有命，敢不敬从。'乃与伯牙俱往，至蓬莱山。留伯牙曰：'子居习之，吾将迎之。'刺船而去，旬时不返。伯牙延望无人，但闻海水洞涌，山林杳冥。怆然叹曰：'先生移我情矣！'乃援琴而歌，作《水仙之操》。曲终，成连刺船迎之而还，伯牙遂为天下妙手。"

(19) 水淹泗州

宋王象之《舆地纪胜》卷四四:"水母洞,在龟山寺。俗传泗州僧伽降水母于此。"又云:"龟山,在盱眙县北三十里,其西南上有绝壁,下有重渊。"该地民间传说云,水母娘娘挑水一担行道上,欲将神州东南悉化泽国。张果老闻之,急倒骑驴来见水母,请饮驴以水,以舒畜牲长途跋涉之困。妖精不识神仙,欣然听驴饮水。神驴伸嘴一次,竟饮尽两桶所盛五湖四海之水,但余些少水脚。妖精惊恚,愤而将桶中余水倾之于地,顷刻卷起滔天狂澜,从盱眙漫向泗州(盱、泗二城本只一桥之隔),数十万生灵悉葬水底。果老怒之,乃以铁索锁水妖。打入盱眙县老子山都帝庙神井中。

(20) 甘渊

《山海经·太荒东经》云:"有甘山者,甘水出焉,生甘渊。"《太荒南经》又云:"东海之外,甘水之间,有羲和之国。有女子名曰羲和,方浴日于甘渊。羲和者,帝俊之妻,生十日。"《海外东经》再云:"汤谷上有扶桑,十日所浴。"

(21) 王妃溪

明曹学佺《蜀中名胜记》卷九:"武都山有玉妃溪。《成都耆老传》载:妃与五丁同生。父母弃之溪,后闻呱呱声,就视,乃一女五男,女即蜀妃,男即五丁,故《华阳国志》云,武都山精化为美女也。"

(22) 玉醴泉

《十洲记》载:"瀛洲,……出泉如酒,味甘,名之为玉醴泉。饮之数升辄醉，令人长生。"

（23）北海水仙

宋王象之《舆地纪胜》卷一七四："昔有蜀士韦昉窭岩，夜泊涪陵江，忽遇龙女，遣骑迎入宫。后昉以状元及第，十年后知简州。龙女复遣（遗）书相迎。敕命昉充北海水仙。"

（24）四海

《礼记·祭义》云："夫孝，置之而塞乎天地，溥之而横乎四海。……推而放诸东海而准，推而放诸西海而准，推而放诸南海而准，推而放诸北海而准。"

（25）夷水

北魏郦道元《水经注·夷水》云："夷水，即很山清江也。水色清照十丈，分沙石。蜀人见其澄清，故名清江也。昔廪君浮土舟于夷水，据捍关而王巴。是以法孝直有言：'鱼复捍关，临江据水，实益州祸福之门。'"

（26）百花潭

明徐应秋《玉芝堂谈荟》卷廿四："成都府城西南，有浣花溪，一名百花潭。任夫人微时，见一僧坠汗渠，为濯其衲，百花满潭。"《古今图书集成·草木典》卷九八引《花史》云："唐冀国夫人任氏女，少奉释教。一日有僧持衣求浣，女欣然濯之溪边。每一漂衣，莲花应手而出。惊异求僧，不知所在，因识其处为百花潭。"

（27）尧洪水

《孟子·滕文公上》云："当尧之时，天下犹未平，洪水横溢，泛滥于天下。草木畅茂，禽兽繁殖，五谷不登，禽兽逼人，兽蹄鸟迹之道，交于中国。尧独忧之，举舜而敷治焉。舜使益掌火，益烈山泽而焚之，禽兽逃匿。禹疏九河，瀹济、漯而注诸海，决汝，汉，排淮、泗而注之江，然后中国可得而食也。当是时也，禹八年于外，三过其门而不入。"

又，《滕文公下》云："当尧之时，水逆行，泛滥于中国，蛇龙居之，民无所定，下者为巢，上者为营窟。"又，《太平御览》卷七六九引《郡国志》云："济州有浮山。故老传云，尧时大雨，此山浮水上。时有人缆船于岩石间，今犹有断铁锁。"

（28）任公子

《庄子·外物》云："任公子为大钩巨缁，五十犗以为饵，蹲乎会稽，投竿东海，旦旦而钓，期年不得鱼。已而大鱼食之，牵巨钩，䧟没而下，骛扬而奋鬐，白波若山。海水震荡，声侔鬼神，惮赫千里。任公子得若鱼，离而腊之，自制河以东，苍梧以北，莫不厌若鱼者。"

又，清李亨特等重修《绍兴府志》卷七一："任公子钓台。《嘉泰会稽志》：'新昌县西十五里南岩山，世传任公子钓鱼之所。一云在稽山门外。'

唐齐觊题南岩云：'南岩寺本任公子钓台，今尚在。岩腹有仙人巨棺。其险不可梯。后山之巅有古钓车，云是任公子钓时所作。'"

（29）羊龙潭

《古今图书集成·禽虫典》卷一一四引《云南通志》云："昔有人善吹笛，牧羊于桃树江畔。忽见龙女迎牧羊者，驱羊随入。其羊皆化为鱼，因号为羊龙潭。"

（30）来斯滩

《古今图书集成·职方典》卷一〇二六引《（温州府）旧志》云："来斯滩在北合仙溪。昔有神人，驱石之海，祝曰：'苍苍为牛，凿凿为羊。牛羊来斯，曰骧曰骧。'石皆群奔，鞭之流血。既出谷。问老妪，问之：'见吾羊否？'老妪曰：'奔石也，羊吾不知。'又问：'见吾牛否？'曰：'奔石也，牛吾不知。'神人曰：'惜为汝道破。'因忽不见，惟群石存焉。"

（31）赤水

《庄子·天地》云："黄帝游乎赤水之北，登乎昆仑之丘，而南望还归，遗其玄珠。"又，《山海经·海外南经》云："三珠树在厌火北，生赤水上。"

（32）沧波舟

晋王嘉《拾遗记》卷四："始皇好神仙之事，有宛渠之民，乘螺舟而至。舟形似螺，沉行海底，而水不浸入，一名沧波舟。其国人长十丈，编鸟兽之毛以蔽形。始皇与之语及天地初开之时，了如亲睹。"

（33）沧海桑田

《神仙传》卷七："孝教桓帝时，神仙王远字方平降于蔡经家。……麻姑自说云：'接侍已来，已见东海三为桑田，向到蓬莱水浅，浅于往者会时略半也，岂将复还为陵陆乎？'"

（34）张帆溪

《太平御览》卷五二引《永嘉志》云："永嘉南岩有帖

石，乃尧之神人。以破石椎将入恶溪，道次，置之溪侧，遥望有似伥帆。今俗号为张帆溪，与天台山相接。"

（35）英泉

《艺文类聚》卷九引《括地图》云："神宫有英泉，饮之，眠三百岁乃觉，不知死。"

（36）钓鱼山

宋王象之《舆地纪胜》卷一五九："钓鱼山，在石照县东十里。……山南大石砥平，有巨人迹。相传异人坐其上，投钓江中，山以是名。"

（37）金船

清东轩主人《述异记》卷下载："离分宜县一二十里，临江山壁，有一大石似碑，长可二丈，阔可七尺，就山石凿成，上有楷书四行，笔画模糊，不能尽读。相传碑下江中，有仙人遗下金船七只，满载金宝，沉此水底。此碑乃仙人遗笔也。如有人能尽读碑字，则七船浮露以赠。会有异人读至三十字，七船帆樯尽露，因二字不能读，复沉水底。"

（38）郎君湖

明陈仁锡《潜确类书》卷三二引《名胜志》云："真定府武强县东南，有郎君湖，亦名郎君渊。耆宿传云，邑人行于途者，见一小蛇，持归养之，名曰担生。长而噬人，官捕系狱，担生负而奔，邑沦为湖。其子东奔，复陷于此，故名郎君。"

（39）孟津大鱼

北魏郦道元《水经注·河水》引《郭颁世语》云："晋

文王之世，大鱼见孟津，长数百步，高五丈，头在南岸，尾在中渚。河平侯祠，即斯祠也。"

（40）香溪

清胡风丹辑《青冢志》卷一引《妆楼记》云："明妃，秭归人，临水而居，恒于溪中盥手，溪水尽香，今名香溪。"

（41）香山湖

明陈仁锡《潜确类书》卷三二："香山湖，在江阴石筏山，……今俗呼为石牌山。旧名甄山，梁时改名真山。山下有石，下面平数丈，悬江流中，复名石牌山。昔有道士，在山修养，尝有鹿来饮水，产一女子，道士养之。长大。姿色绝伦。有救取女，女入香山湖浴，浴毕入山，旋失所在。其山与河皆香，故名。"

（42）禹迹溪

清李元度重修《南岳志》卷十引《一统志》云："禹迹溪，在湘江两岸岳麓山左，一名大禹拖船拗，为神禹疏凿开山之径。"

（43）姜太公钓鱼

《吕氏春秋·首时》云："太公望，东夷之士也，欲定——士而无其主，闻文王贤，乃钓于渭以观之。"《史记·齐太公世家》云："只尚盖尝穷困，年老矣，以鱼钓奸周西伯。西伯将出猎，卜之，曰：'所获非龙非螭，非虎非熊，所获霸王之辅。'于是周西伯猎，果遇太公于渭之阳，与说，大说，曰：'自吾先君太公曰：当有圣人适周，周以兴。子真是邪？吾太公望子久矣！'故号之曰'太公望'，载舆俱归，立为师。"

（44）神泉

《淮南子·坠形训》云：（昆仑）河水、赤水、弱水、洋水，"凡四水者，帝之神泉，以和百药，以润万物"。

（45）浴仙池

明彭太翼《山堂肆考》宫集卷廿四："南昌府子城东，有饮马池，一名浴仙池。相传有少年见美女七人，脱五彩衣于岸侧，浴池水中。少年戏藏其一。渚女浴竟着衣，化白鹤去。独失衣女不能去，随少年至其家为夫妇，约以三年还其衣，亦飞去。"

（46）赌妇潭

清梁绍壬《两般秋雨盦随笔》卷六："赌妇潭在广东龙门县蓼溪水口。相传有二童男女戏赌，各持竹一片从上流掷下，云两竹相合即成夫妇。俄而果合，遂谐伉俪。故名潭曰赌妇，潭上竹曰媒竹。"

（47）瑶池

《史记·大宛列传》引《禹本纪》云："昆仑其高二千五百余里，……其上有醴泉、瑶池。"《山海经·西次三经》所记之"淫水"，即瑶池。

（48）精卫填海

《山海经·北次三经》云："发鸠之山，其上多柘木。有鸟焉，其状如乌，文首，白喙，赤足，名曰精卫，其名自。是炎帝之少女名曰女娃。女娃游于东海，溺而不返，故为精卫。常衔西山之木石，以堙于东海。"

又,《述异记》卷上云:"昔炎帝女溺死东海中,化为精卫,……精卫偶海燕而生子,生雌状如精卫,生雄如海燕。今东海精卫誓水处,曾溺此川,誓不饮其水。一名鸟市,一名冤禽,又名志鸟,俗呼帝女雀。"

(49) 鲤鱼跳龙门

《太平广记》卷四六六引《三秦记》云:"龙门山,在河东界。禹凿山断门阔一里余。黄河自中流下,两岸不通车马……每岁季春,有黄鲤鱼,自海及诸川,争来赴之。一岁中,登龙门者,不过七十二。初登龙门,即有云雨随之,天火自后烧其尾,乃化为龙矣。"

又,清张澍辑《三秦记》云:"江海大鱼薄集龙门下,数千,不得上。上则为龙,不上者鱼,故云曝腮龙门。"唐李白以此典作《赠崔侍御》诗,云:"黄河三尺鲤,本在孟津居,点额不成龙,归来伴凡鱼。"

(50) 磻溪

北魏郦道元《水经注·渭水》云:"渭水之右,磻溪水注之。……溪中有泉,谓之兹泉。泉水潭积,自成渊渚,……石壁深高,幽隍邃密,林障秀阻,人迹罕交。东南隅有一石室,盖太公所居也。水次平石钓处,即太公垂钓之所也。其投竿跽饵、两膝遗迹犹存,是有磻溪之称也。其水清冷神异。"

(51) 磨针溪

明曹学佺《蜀中名胜记》卷十二:"(彭山)县东北二十五里有磨针溪,在象耳山下。相传李白读书山中,学未成,弃去。适过是溪，逢老媪方磨铁杵。问何为。曰：'欲作针耳。'白感其言，遂还卒业。媪自言武姓，傍有武氏崖。"

2. 水与欧西神话

（1）大西洋神岛（Atlantis）

希腊神话。据柏拉图说，大西洋上有个大岛曾用此名。岛上居民曰阿特兰特人，桀骜不驯。宙斯遂下令将此岛沉入大洋。

（2）大洋河（Oceanus）

环绕大地之河流。该神话云，一切海流、河川、水泉等，均发源于大洋河；太阳、月亮、星辰均从大洋河升起，又落入此河。独大熊星座不沉入。

（3）水泽神女（Naiades）

希腊神话。水域之神女。该神话谓每条河流、溪涧、水泉等，均有其神女，其名称即水泽神女之名字。水泽神女乃宙斯、波寒冬、阿佛洛狄忒及其他神祇之侍女，一些神祇的抚育者及妻子。她们保护婚姻，通晓预言术及医术。淙淙流水声，恰似她们的轻声絮语，启发着古今诗人之灵感。

（4）皮里佛勒革同河（Pyriphlegethon）

希腊神话。冥土之河流，注入阿刻戎河。

（5）阿刻戎河（Acheron）

希腊神话。冥土之河流，皮里佛勒革同河及科库托斯河汇入此河。

（6）阿维尔努斯湖（Avernus）

意大利康帕尼亚的湖泊，在古代被认为是冥国之一个入口。

(7) 珀耳顾斯湖（Pergus）

罗马神话。西西里岛的湖泊。该地神话说，哈得斯劫走珀耳塞神涅，正是在此湖畔。

(8) 珀耳墨索斯河姑娘（Virgins of the Permessus）

希腊神话。缪斯的别称，因发源于赫利孔山的珀耳墨索斯河而得名。

(9) 海中神女（Nereides）

希腊神话。大海的神女，海神涅柔斯和多里斯之女儿们。据说共50位。她们住于大海深处父亲的宫殿，用金纺车纺线，随波浪节拍跳圆舞。月明之夜，登上海岸载歌载舞，同特里同们比赛。待人和善，常救助航海遇险者。在图画中，她们系身着薄衣之美貌少女，常骑海豚或特里同背上。周围有海怪环绕。

(10) 冥国（Hades）

希腊、罗马神话。谓死后灵魂分别自泰那洛斯海岬（位于拉科尼亚）、皮罗斯（位于伯罗奔尼撒半岛西部）及阿维尔努斯湖（位于意大利）等地，坠入冥国。后由亡灵接引者赫耳墨斯领至冥国大门口，再由卡戎渡其过斯堤克斯河。守门之三头狗刻耳柏洛斯任其进入，但不准出去。其内有忘川一条——勒忒河，饮其水便会忘却人间与世事。亵渎神灵者在冥国受难：坦塔罗斯立身水中，水深齐颈，上方悬熟果，但他却必永受饥渴之苦；达那伊得斯姊妹往无底桶里灌水，永无休止；西绪福斯推巨石上山，推而复坠，坠而复推。

等等。

除斯堤克斯河和勒忒河外，冥土尚有科库托斯河、皮里佛勒革同洞及阿刻戎河。

（11）冥河渡资（Naulum）

亡灵渡过斯堤克斯河时，付给卡戎的摆渡钱。希腊人及罗马人在殡殓时，均在死人嘴中放一文钱，以为此用。

3. 水与中华典故

（1）一口吸尽西江水

《景德传灯录》云："后之江西，参问马祖云：'不与万法为侣者是什么人？'祖云：'待汝一口吸尽西江水，即向汝道。'"

（2）一衣带水

《南史·陈后主纪》云："隋文帝谓仆射高颎曰：'我为百姓父母，岂可限一衣带水不拯之乎？'"又，《宋史·潘美传》云："进次秦淮时，舟楫未具。美下令曰：'美受诏提骁果数万人，期于必胜，岂限次一衣带水而不径度乎？'"

（3）一泻千里

唐李白《赠从弟宣州长史昭》云："长川豁中流，千里泻吴会。"又，明归有光《上万侍郎书》云："譬行舟于水，可以一泻千里。"

（4）一波未平，一波又起

元杨载《诗法家数》云："七言古诗，忌庸俗软腐，须是波澜开合，如江海之波，一波未平，一波又起。"又，梁启超

《罗兰夫人传》云:"岂意一波未平,一波又起,前门拒虎,后门进狼,在上之大敌已毙,而在下之大敌,羽翼正成。"

(5)一贫如洗

元关汉卿《窦娥冤》云:"小生一贫如洗,流落在这楚州居住。"

(6)一清如水

明周楫《西湖二集·祖统制显灵救驾》云:"你在衙门中一清如水,朝廷知你是个廉吏,异日定来聘你为官。"

(7)人生如朝露

《汉书·苏武传》云:"人生如朝露,何久自苦如此!"又,明赵弼《觉寿居士传》云:"日月如跳丸,人生如朝露,生死事大,无常迅速。"

(8)下水船

唐白居易《重寄荔枝与杨使君》诗云:"摘来正嚢凌晨露,寄去须凭下水船。"又,五代王定保《唐摭言·敏捷》云:"裴廷裕干宁中在内廷,文书敏捷,号为'下水船'。"

(9)山穷水尽

清蒲松龄《聊斋志异·八缸》云:"苟不至山穷水尽时,勿望给予也。"

(10)川泽纳污

《左传·宣公十五年》云:"谚曰:'高下在心,川泽纳污,山薮藏疾,瑾瑜匿瑕。'国君含垢,天之道也。"

(11)开源节流

《荀子·富国》云:"故明主必谨养其和,节其流,开其源,而时斟酌焉。"

（12）无人问津

晋陶渊明《桃花源记》云："（刘子骥）欣然规往,未果,寻病终。后遂无问津者。"又,清李渔《闲情偶记·词曲部》云："止因词曲一道,但有前书堪读,并无成法可宗,暗室无灯,有眼皆同瞽目,无怪乎觅途不得,问津无人。"

（13）不塞不流,不止不行

唐韩愈《原道》云："不塞不流,不止不行。人其入,火其书,庐其居,明先王之道以道之。"

（14）车水马龙

《后汉书·马皇后纪》云："前过濯龙门上,见外家问起居者,车如流水,马如游龙。"又,《金瓶梅》第十六回："花红柳绿,车水马龙,说不尽灯市的繁华。"

（15）双瞳剪水

唐李贺《唐儿歌》云："一双瞳人剪秋水。"又,明周履靖《锦笺记·初晤》云："不要说什么,你且看他双瞳剪水迎人沧,风流万种谈笑间。"

（16）以水济水

《左传·昭公二十年》云："君所谓可,据亦曰可；君所谓否,据亦曰否。若以水济水,谁能食之？"又,清玉筠《绿友臆说》云："两本相较,可以互勘,胜以水济水多矣！"

（17）水中捞月

宋释道原《景德传灯录》卷七："佛性非见心见,水中月如何攫取？"又,明汤显祖《还魂记·冥誓》云："虽则似空里拈花,却不是水中捞月。"

（18）水到渠成

宋释道原《景德传灯录》卷十二："又手问：'如何是妙用一句？'师曰：'水到渠成。'"

（19）水宽鱼大

《淮南子·说山训》云："水广鱼大，山高木修。"

（20）水至清则无鱼

《大戴礼记·子张问入官》云："故水至清则无鱼，人至察则无徒。"又，《后汉书·班超传》云："今君性严急，水清无大鱼，察政不得下和，宜荡佚简易，宽小过，总大纲而已。"

（21）水落石出

宋欧阳修《醉翁亭记》云："野芳发而幽香，佳木秀而繁阴，风霜高洁，水落而石出者，山间之四时也。"

（22）反水不收

《后汉书·光武帝纪上》云："反水不收，后悔无及。"又，晋潘岳《伤弱子辞》云："叶落永离，覆水不收，赤子何辜，罪我之由？"

（23）平地风波

唐刘禹锡《刘梦得文集·竹枝词》："长恨人心不如水，等闲平地起波澜。"

（24）甘井先竭

《庄子·山木》云："直木先伐，甘井先竭。"

（25）古井无波

唐白居易《赠元稹》诗云："无波古井水，有节秋竹竿。"

又，唐孟郊《烈女操》诗云："妾心古井水，波澜誓不起。"

（26）左右逢源

《孟子·离娄下》云："君子深造之以道，欲其自得之也。自得之，则居之安。居之安，则资之深，资之深，则取之左右逢其原。故君子欲其自得之也。"

（27）问诸水滨

《左传·僖公四年》云："齐桓公以楚不贡及周昭王南征溺死于汉水为由，兴问罪之师，举兵伐楚。楚人对曰：'贡之不入，寡君之罪也，敢不共给？昭王之不复，君其问诸水滨。'"又，元方回《次韵伯田见酬》诗云："世故吾其问水滨，向来不合典班春。"

（28）扬汤止沸

《吕氏春秋·尽数》云："夫以汤止沸，沸愈不止，去其火，则止矣。"又，《汉书·礼乐治》云："如以汤止沸，沸愈甚而无益。"

（29）同舟共济

《淮南子·兵略训》云："同舟而济于江，卒遇风波，百族之子，捷捽招杼船，若左右手，不以相德，其尤同也。"

（30）君子之交淡如水

《礼记·表记》云："故君子之交如水，小人之接如醴；君子淡以成，小人甘以坏。"又《庄子·山木》云："且君子之交淡若水，小人之交甘若醴。"

（31）陆海潘江

南朝梁钟嵘《诗品》云："陆（机）才如海，潘《岳》

才如江。"又，明张溥《汉魏六朝百三名家集·潘黄门集题辞》云："陆海潘江，无不善也。"

（32）吹皱一池春水

《南唐书·冯延巳传》云，延巳有"风乍起，吹皱一池春水"词句，无宗李璟尝戏延巳曰："吹皱一池春水，干卿何事？"

（33）饮水思源

北周庚信《征调曲》云："落其实者思其树，饮其流者怀其源。"

（34）饮马投钱

汉赵岐《三辅决录》云："安陵清者有项仲山，饮马渭水，每投三钱。"又，汉应劭《风俗通·愆礼》云："（太原郝子廉）每行饮水，常投一钱井中。"

（35）画水掀壁

宋邓椿《画继》云："宋闾丘秀才长于画水，自成一家。尝画五岳观壁，凡作水，先画浪头。然后画水纹。惊涛汹涌，势欲掀壁。"

（36）明镜止水

《庄子·德充符》云："鉴明则尘垢不止，止则不明也。……仲尼曰：'人莫鉴于流水，而鉴于止水。'"

（37）笑比黄河清

《宋史·包拯传》云："立朝刚毅·贵戚宦官，为之敛手，闻者皆惧之。人以包拯笑比黄河清。"

(38) 曾经沧海

唐元稹《离思》云:"曾经沧海难为水,除却巫山不是云。"

(39) 落花流水

唐李群玉《奉和张舍人送秦练师归岑公山》诗云:"兰浦苍苍春欲暮,落花流水思离襟。"

(40) 蛟龙得水

《管子·形势》云:"蛟龙,水虫之神也。乘于水,则神立;失于水,则神废。……故曰:蛟龙得水,而神可立也。"

(41) 镜花水月

明谢榛《诗家直说》卷一:"诗有可解不可解,不必解,若水月镜花,勿泥其迹可也。"

(42) 露水夫妻

《金瓶梅》云:"(爱姐)说道:'奴与他虽是露水夫妻,他与奴说山盟,合海誓,情深意厚,实指望和他同谐到老。'"

4. 水与外国典故

(1) 一杯水中出现暴风雨

语出法国哲学家孟德斯鸠。常用来表示由微不足道的原因而引起的大风波。此系一国际性成语,欧洲主要语言中均有。

(2) 大洪水

出自希腊神话。青铜时代,宙斯降临人间巡察,他看到人间充满罪恶,决心毁灭人类。令风神降大雨,令海神泛海水，大地遂成无边海洋，只剩诗神所居帕尔那索斯山露出水面。普罗米修斯之子丢卡利翁、之媳皮拉，善良信神，幸免于难，成为大洪水后人类之仅存者。他们根据神谕，用石头扔在身后，又创造出新的人类。

（3）马是吃燕麦的，伏尔加河是流入里海的

语出俄国作家契诃夫之短篇小说《文学教师》（1894）。用来嘲讽思想贫乏、昏庸乏味，用人人皆知之事实混淆视听、诡辩搅水者。

（4）水分很多

源出希腊。喻指空洞、没有内容的废话或文章。公元前2300年，古希腊诉讼审判之法规定，原、被告发言时间相等，计时工具为"水钟"。先准备等量的水，发言开始，"水钟"即开始滴水，水滴完则讲话止。

（5）本应在海里住，就不要跑到地上来

语出《伊索寓言》。劝人勿弃本行而事他道。螃蟹出海居岸，被一只饥饿的狐狸捉住。将被吞下时，螃蟹说："我真是活该！我本是海里动物，却想在陆地上生活。"

（6）迈安德洛斯河边的狐狸

源出《伊索寓言》。常用来形容那些自我吹嘘而又自讨苦吃的人。该寓言谓，众狐狸聚迈安德洛斯（今译大门德雷斯）河边，欲饮水。水流湍急，其中一只鼓起勇气，跳入水中。急流冲其至河心，岸上狐狸齐喊："别撇下我们，回来告诉我们，何处下去饮水比较安全！"河中狐狸说："吾有口信欲捎下游城市，吾欲亲自捎去，等吾回来，再告汝等！"

第三章 从水中文化看华夏血脉

（7）在我们身后，管它洪水泛滥

语出法王路易十五之情妇蓬巴杜。比喻人生几何，及时行乐。蓬本有夫之妇，自成法王情妇后，逐渐控制了当时法国内政外交大权，甚至连国王之信件和委任状，亦必经其过目。法王与之整天沉湎于酒色之中。

（8）吞吃海螺的狍

源出《伊索寓言》。劝人不要凭直觉接触事物，否则会陷入谬误。谓一常吃鸡蛋的狍，见一海螺，以为是蛋，张口吞下，不假思索。不久肚疼，道："我真是活该！我竟相信凡圆者皆鸡蛋。"

（9）把某某投到清水中去

源出古罗马"神判法"。在口语中表示揭发某人罪行，暴露某人隐私。此"神判法"规定，有犯罪嫌疑者，均被押至河边，投入水中。浮出水面者，被认为是河神不愿接纳者，有罪；沉入水下者，被认为无罪。

（10）把梭鱼抛到河里

源出《克雷洛夫寓言》。用以讽刺官官相护，转义为放虎归山。梭鱼被控危害整个鱼类，受审。驴子、老马、山羊任法官，狐狸任检察官。梭鱼对所犯罪行供认不讳，被判绞刑。检察官狐狸曾吃过梭鱼所请鱼肉筵席，遂提出："绞刑太轻，应处闻所未闻之重刑，以儆效尤。此重刑是，将梭鱼扔到河里淹死。"

（11）住在水里不能跟鳄鱼作对

语出印度作家普列姆昌德之长篇小说《戈丹》。常用来形容安于现状、逆来顺受者。小说主人公何利常和地主莱易来往，以为如此可以给自己带来好处。殊不知莱易诸人，正是其苦难之根源。何利相信一切均由上天安排，故安贫知命。其生活信条为："住在水里不能跟鳄鱼作对。别人的脚踩在自己身上，只能放聪明点，在那脚板底上抓痒痒。"

（12）诺亚方舟

源出《旧约·创世纪》。

（13）就像一滴水珠反映出整个太阳一样

语出俄国作家杰尔查文（1743—1816）之颂歌《神》。用以表示见微知著，以小见大。

（14）就像水面上见到的一样

源出俄罗斯习俗。表示不出所料，早已算定。俄罗斯迷信习俗认为，可以根据水面波纹或蜡烛油掉到水面后所结油花，来占卜一事之成败吉凶。

（15）喝了忘川的水

源出希腊神话。喻指遗忘了不该遗忘的事情。

（16）滴水穿石

语出古希腊诗人赫利勒（公元前四世纪）之长诗。喻指坚持不懈，必能有成。赫利勒长诗曰："滴水永恒不断可以穿石。"后罗马诗人奥维狄马斯（公元前43—18年）又云："滴水穿石不是靠力，而是因为它不舍昼夜。"

中华文化中，常用"水性杨花"一词，来形容女子用情之不专一。水既经常被用于譬喻女子，以水性来比喻女子之心性，当然也就有了客观基础。水性流动，杨花轻飘，均是没有定准，以此为形容女子之移情他投，当然妙不可言。

水，几乎可以表达人类一切情感，几乎可以用来譬喻人类行为一切方面。就此层面说，水之本性的确是不专一的。此种不专一之本性，施于爱情方面，也许不好；但施于其他方面，却未必是一件坏事。

中外神话、典故，统而言之，中外文化之各方面，几乎都可找到水之影子，我们对此，至少不应太过指摘。

第四章　诗水意象之空间坐标

就中华之诗而言，可以说诗有多远，水就有多远。诗起于《诗经》，最早以水作为审美对象而加以描绘的，便也是《诗经》。

《诗经》中的那些水描写，如"汉之广矣，不可泳思；江之永矣，不可方思"（《诗经·周南·汉广》）、"蒹葭苍苍，白露为霜；所谓伊人，在水一方"（《诗经·秦风·蒹葭》）以及"泾以渭浊，湜湜其沚；宴尔新昏，不我屑以"（《诗经·邶风·谷风》）等等，几乎已进入永恒，成为中国诗人永远超越不了之"格式"。

《楚辞》之水描写，如"袅袅兮秋风，洞庭波兮木叶下"（《楚辞·湘夫人》）之类，又比《诗经》更进一步。《楚辞》中之水，要比《诗经》中之水，生动得多、细腻得多。

但无论如何，在中华早期诗歌中，水并没有成为诗吟之主题与中心。中华第一篇以水为主题和中心之咏水诗，出现在三国时期。这就是曹操那首著名的《观沧海》：

> 东临碣石，以观沧海。

第四章　诗水意象之空间坐标

  水何淡淡，山岛竦峙。
  树木丛生，百草丰茂。
  秋风萧瑟，洪波涌起。
  日月之行，若出其中。
  星汉灿烂，若出其里。
  幸甚至哉，歌以咏志。

  诗人居高临下，眼前是起伏、荡动之汪洋，草树繁茂之海岛。秋风乍起，掀动万顷碧波，波浪翻涌，水天一色。诗人借大水抒大志，要把自己平定北方、统一中国、席卷天下之豪情，融入到这无边天际大海中。这是水与志第一次完美，亦是壮美之结合。

  水一旦进入诗人视野，便再也不能同诗人分离。咏水从此成为中华诗歌主题之一，区别只在所咏之水，在各时代有所侧重。

  六朝或唐宋诗人，所咏主要是长江、黄河、富春江，或洞庭湖、西湖、庐山瀑、钱塘潮，以及溪流、山涧等，集中在中华南半部及中原地区。

  明清诗人，尤其是清一代诗人，因了地缘政治关系，所咏之水迅速拓展到北方及边远地区，西北之流沙河，东北之混同江、松花江，西南之金沙江、澜沧江，以及东面之大海等等，无一不大大方方流进诗人之视野与心田。

一、出走出走，醉卧江头

人这一生，有好多不顺意事，或因为自己，或因为他人，或因为无法预料、无法抗拒之其他因素，总之这"不如意"，我们总是免不了。

不如意时，我们先人总是首先想到水，把失意之情寄托到水波之上，从而稍得慰藉。失意时，就到水边去，或者到了水边，便想起自己之不如意。总之在水与失意之间，我们可以读到无数令人黯然神伤故事。

1. 道不行乘桴浮于海

孔老圣人早就有言："道不行，乘桴浮于海。"（《论语·公冶长》），他自己虽然并没有真正去实践，但却为后世仕人指示了一个基本行为方向。

仕途失意时，就想乘桴入海，弃绝尘世，从此无牵无挂、无忧无虑，这几乎成了后世文人之通病。当少年得志的初唐诗人张说张道济（667—730）因指责张易之兄弟诬陷魏元忠而触怒武后，被配流钦州（今广西境内），来到南海时，就是这么想的。他想乘桴入南海，但海之广阔无涯却又使他望而却步，一句"乘桴入南海，海旷不可临"，把他想出世而又不敢出世之矛盾心结，显示得明明白白。

"茫茫失方面，混混如凝阴"之南海，是何其广大，而乘桴的"我"孑然一身，又是何其渺小。两相对比，张说不

第四章 诗水意象之空间坐标

再敢把失意之心安顿到海水中去,以海水荡平心头之失意。

孟浩然(689—740)之遭遇,和张说是不同的。张之失意是由凤阁舍人出为相州、岳州刺史而生,孟之失意却是导因于自己终其一生也没能谋得一官半职,只得悒归故里,以布衣终老。张之失意只在官大官小,孟之失意却在无官有官。所以张是由失意而想到水,而孟却是由水而想到自己之失意。

八月湖水平,涵虚混太清。
气蒸云梦泽,波撼岳阳城。

当漫游归来的孟浩然,再次站到绿水平澄洞庭湖边,远望湖水,水势浩渺,云气蒸腾,不禁再一次想起自己四十壮年进士不第落魄命运。

南海之水,唤起了张说之失意感;洞庭之水,同样也把孟浩然之失意唤起来。南海之水给张说之感觉是"不敢",洞庭之水给浩然者却是"偫心"。

他望着浩渺洞庭水,请张丞相九龄在玄宗面前引荐自己,让自己也能得一个一展抱负之机会:

欲济无舟楫,端居耻圣明。
坐观垂钓者,徒有羡鱼情。

要济水得要有舟楫,要捕鱼得要有网罾,要施展自己之才华,得要有官位。水就这样提示浩然,督促他向这方面去努力。尽管最终结果是虚无,但水之荡起浩然之失意与信心,当是不疑之事实。人事纷杂,不得意处,原因很多,有时是很难解释得清的。

2. 破船送"我"漂泊东西

失意而不气馁,是一件很难做成之事。就如水之就下,就其本性言,它只是就下,欲使其上扬,非有强大外力不可。

洞庭湖水给了孟浩然以信心,但四百多年后三塔湖水寒光亭,却没能使张孝祥(1132—1169)之意志上扬:

问讯湖边春色,重来又是三年。
东风吹我过湖船,杨柳丝丝拂面。

时光荏苒,三年不再,自前次寻访三塔湖,多少人事成云烟。躺在湖船之上,一任微风轻吹,送"我"漂泊东西。岸边杨柳依依,<u>丝丝拂面</u>。不要荡桨,不用撑杆,因为荡无用,撑亦无用。不仅无用,反而会招来祸患。

"我"只因赞助张浚北伐,收复中原,竟被免职;"我"只因为岳飞辩冤,反对屈辱"议和",触犯秦桧,竟当下狱之灾。"我"只想用我之双桨,把万死之中南渡过来这只破船,撑到一安静港湾去休整。

"我"没有个人私利,但"我"却遭到船主打骂和鞭挞。就让这破船自己去漂吧,无论漂向何方,"我"不再管:

> 世路如今已惯，此心到处悠然。
> 寒光亭下水连天，飞起沙鸥一片。

历尽奔波挫折，对那炎凉世态早已习以为常，无论何时何地，"我"之心，依样安闲自适，悠然自得。看这寒光亭下万顷湖水，一望无边，远接天际，一片沙鸥从水天相接处倏然腾起，"此心吾与白鸥盟"，岂不妙哉！

3. 扁舟之上随波逐流

海是大水，湖亦是大水，比较起来，江、河之水显得小些。但江、河之水同样亦能唤起人们之失意感，同样亦能把落魄之人推向希望或失望之顶端。

唐德宗建中四年（783），任侠使气、狂放不羁的韦应物（737—790?）由尚书比部员外郎，出为滁州刺史，离开长安，经洛阳，舟行洛水入黄河东下。面对浩浩荡荡黄河水，看看自己所乘一叶小舟，想到自己之失意，告诉旧日之僚友，"我"之心，就像这行于水上、不系岸柳之扁舟，随波逐流，无所作为：

> 夹水苍山路向东，东南山豁大河通。
> 寒树依微远天外，夕阳明灭乱流中。
> 孤村几岁临伊岸，一雁初晴下朔风。
> 为报洛桥游宦侣，扁舟不系与心同。

自己就如伊水岸边孤村里一只孤雁，孤独一人在强劲北风中向南飞去。不堪回首。不忍卒睹。

宦海沉浮不定、被贬黄州看管之苏轼苏东坡（1037—1101），这一天与鄂州知州朱寿昌一起，来到黄鹤楼上。长江、汉水波涛滚滚，自西奔流而来，举目远眺，两水合流处，气势雄壮。

细望汉水，碧绿如玉色葡萄，一如李白《襄阳歌》所言"遥看汉水鸭头绿，恰似葡萄新酸醅"：

> 江汉西来，高楼下，葡萄深碧。
> 犹自带，岷峨雪浪，锦江春色。

诗人由江水翻腾，联想到自己之被黜、被捕、被贬，伤感之情，油然而起：

> 江表传，君休读，狂处士，真堪惜。
> 空州对鹦鹉，苇花萧瑟。
> 独笑书生争底事，曹公黄祖俱飘忽。
> 愿使君，还赋谪仙诗，追黄鹤。

记载三国吴人物事迹之《江表传》，还是不要去读了吧。"少有才辩"之著名人物祢衡，被曹操放逐、被黄祖所杀，多么可惜。

埋葬祢衡之鹦鹉洲，如今芦苇萧萧、荻花瑟瑟。既是书生，又何必与权贵、政客一争高下？江汉依旧，流水依旧，祢公今安在？曹操、黄祖在飘忽岁月中化为一抔黄土，盖一世之雄今安在？功名富贵如粪土，我们还是效仿李太白，赋诗著文，争取超过崔颢之《黄鹤楼》吧！

韦应物由黄河扁舟之不系，联想到自己之无所作为；苏东坡由江汉水之永恒流逝，联想到功名之暂住与文章之长存。前者为自己之失意，找一个依托；后者为自己之失意，找一份安慰。江、河之水永远流，人生失意依然在。

4. 望不到长安与汴京

时间对中国人来说，似乎没有什么意义。

太阳从东方冷雾中，慢慢地升起来，一百年前是如此，一百年后同样是如此。河水慢悠悠向东方流去，没有哭，也没有笑，没有喜，也没有悲，一百年前是如此，一百年后同样是如此。

文人奋斗挣扎，却总不得意，空怀满腔热血，望着江水悲叹自己命运不济，一百年前是如此，一百年后同样是如此。

苏东坡从长江岸边走了，走了一百年，现在辛弃疾（1140—1207）又来到清江岸边。登上高高郁孤台，眼望滔滔清江水，身为江西提刑"节制诸军，讨捕茶寇"之辛弃疾，在那里发呆。

几百年前，是几百年呢？建造这郁孤台的唐官李勉，也曾登台北望长安，兴"心存魏阙"之感慨。如今江山依旧，人事也依旧。中原仍在敌手，恢复遥遥无期，人民流离失所，空洒几多热泪：

> 郁孤台下清江水，中间多少行人泪。
> 西北望长安，可怜无数山。

李勉望不到长安，如今"我"也望不到汴京。望到的，只是那重重叠叠、连绵无尽之青山。

望到了又如何？这大片江山，不是仍在敌手嘛！江水向着西北昼夜不停地流，日子随着流水永远不断地逝，这收复失地之佳期呢，何时才能来：

> 青山遮不住，毕竟东流去。
> 江晚正愁予，山深闻鹧鸪。

"行不得也哥哥！""行不得也哥哥！"深山里，传出鹧鸪啼叫，把辛弃疾从深沉遐想中唤醒。他环顾周围，天色已暗，一抹斜阳射过，映着白花花流水，泛出清冷金光。诗人眨眨眼，定定神，再次听到"行不得也哥哥"鹧鸪叫声。

怎么"行不得呢？"是什么东西让它"行不得"？看那滚滚江水，一泻千里，谁也遮不住，谁也隔不断，为什么"行不得"呢？有不绝流水，就有我们永恒希望，为什么"行不得"呢？

5. 万里渡河汾，浊酒曲江池

只要是水，就能和失意挂上钩，似已成为不疑之事实。

第四章 诗水意象之空间坐标

海水、湖水、江水、河水，可以唤起失意；沟水、溪水、池水、塘水，也能把人们心头失意感引出，真是深有意味。

则天朝进士苏翅苏廷硕（670—727）在"万里渡河汾"时，就很自然地想起自己飘忽不定、身不由己之严峻命运。汾水虽然不大，但在萧瑟秋风拍打下，依然把诗人年过半百迟暮感，与政治上失落感，荡起来，涌上来。

"心绪逢摇落，秋声不可闻"，一个只活了五十七岁失意政治家，此时此刻，内心是多么凄苦。

我们可以设想这样一人，此人有超人才华，有高远理想，有广大同情心和非凡创造力，可此人就是求仕无着，进取无门。从少年到老年，颠沛流离，飘泊四方，最后以不到六十之年，病死江湘途中。

我们设想这样一人，他在四十六岁时，才好不容易谋得一官半职，却因自己直言极谏被贬。我们设想一下，他在这时会是一种怎样心情呢？

> 朝回日日典春衣，
> 每日江头尽醉归。

他想到了水，想到了曲江池。退朝回来，把春衣当了，买几瓶浊酒，到曲江池边，一醉方休。这汉武帝建造起来之水池，没有大海之波涛，没有江、河之激流，荡不掉官场闷气，洗不去心头沉郁，但又何妨成为"我"醉酒之伴侣！

杜甫杜子美（712—770）就这样在曲江池边，望着池水，思绪飞扬：

> 酒债寻常行处有，
> 人生七十古来稀。
> 穿花蛱蝶深深见，
> 点水蜻蜓款款飞。
> 传语风光共流转，
> 暂时相赏莫相违。

山水依旧，人生苦短，这池边风光，且不要匆匆抛人而去，打断"我""江头尽醉归"之生活！

池水是静的，它给失意人一种平和柔稳感觉，这感觉如温热手，抚平失意者心头创伤，让这颗疲惫心，暂得休息与安宁。失意者喜到池边去喝酒，是很自然的。未名湖边、昆明湖上，常常也可见到失意学人，在那里引吭高歌，亦当是自然的。

6. 野渡头川桥上溪水边

同溪水比较起来，池水是平的，而溪水是曲的；池水是静的，而溪水是动的；池水是无声的，而溪水是有声的。

初次失意者，大约比较激动，充满义愤，所以常喜到平静无声池水边去，求得平衡。而屡次遭遇失意人，情况就有些不同，激情已消失，义愤也渐渐淡漠，为求得平衡，这些人每每便到动曲有声溪水边，去抒发哀怨。

第四章　诗水意象之空间坐标

水与心境，是需要互补的。疲惫心，需要活水来安慰；充满激情心，需要静水来抚平。不同失意者，喜爱去临不同水，大约就是这个道理。

动曲有声之溪水，最能表达失意者落寞之心境：

>　　寂寞亭基野渡边，
>　　春流平岸草芊芊。
>　　一川晚照人闲立，
>　　满袖杨花听杜鹃。

这是宋末遗民郑协写一首《溪桥晚兴》。诗人身披夕阳，闲立野渡边，望一川春水哗哗流去，杨花满袖，鹃啼满耳，好一派寂寞无聊景象。

诗人作为宋末遗民，遭受的打击与失意，当不止一次，激情已失，心境已静，于是乘春日里一抹夕阳，来到这野渡头、川桥上、溪水边，任杨花牵惹情丝，凭鹃声献愁供恨。

陆游陆放翁（1125—1210）也是在这样一种失意心境下，来到溪水边，写成其《溪上作》：

>　　伛偻溪头白发翁，
>　　暮年心事一枝筇。
>　　山衔落日青横野，
>　　鸦起平沙黑蔽空。

诗人自三十三岁出仕以来，屡受排挤、打击，屡遭弹劾。知严州军州事任满后，退居故乡山阴（今绍兴），直到逝世。二十多年间，除读书耕作，不能有其他作为。到溪边来，抒发一己之感慨，当是常事。这一次来，自觉已经很老了：溪边一驼背老翁，白发苍苍，即将走到生命尽头，所希求者，只是一杖在手，悠游闲适，聊以打发不多余年。

看这溪边，红日沉落到峰峦之间，映衬一派青山，蜿蜒横亘于莽莽原野之上；平展沙滩上，飞起一群黑鸦，遮蔽大半天空。此情此景，与放翁心境，是多么相似：

天下可忧非一事，书生天地效孤忠。
东山七月犹关念，未忍浮沉酒盏中。

所担忧者，岂止一事？但担忧又如何？苟安求和国策已定，再图恢复中原，又有什么意义？忠贞之士，迭遭斥逐，自己以垂暮之身，退处林下，纵有奇念大志，亦只能付诸东流，一如这脚边溪水，弯弯曲曲，消失到远山重岭间。

失意，心不甘，再失意，心依旧不甘，一句"东山七月犹关念，未忍浮沉酒盏中"，把放翁此种不屈心态，描写得淋漓尽致。

比较起来，明末进士陈子龙陈大樽（1603—1647）就要逊色多了。大樽也是不屈的，当他抗清失败在苏州被捕时，他乘隙投水而亡。但其不屈是在行为上的，他来到易水边，写成《渡易水》时，他没有想到这种不屈：

> 并刀昨夜匣中鸣,燕赵悲歌最不平。
> 易水潺湲寒草碧,可怜无处送荆卿。

在一个秋天,诗人行经易水。站在水边,诗人想起千百年前"风萧萧兮易水寒,壮士一去兮不复还"场景,易水依旧,秋风依旧,但荆卿在哪里?送走荆卿那个渡头如今又在何方?

"可怜无处送荆卿",短短七个字,把诗人失意心境,推到顶点。由"易水潺湲"而想到"无处送荆卿",可谓把水与失意之关系,推上极致:这失意是被迫的,人为的,有袁崇焕而不能用、有荆轲而无处送,这失意真是最为惨烈。

无论大水与小水,无论平水与曲水,亦无论静水与活水,都能给失意者受伤之心,以暂时安慰。我们对于水,应当怀揣深深敬意。

二、漂泊漂泊,扁舟他乡

走水路出门旅行,最容易泛起的,便是漂泊之感。因为漂泊与水有很自然之关联。

水是无依的,漂泊也是无依的;水是凄柔的,漂泊也是凄柔的;水是悠长的,漂泊也是悠长的。

1. 漂与泊很不相同

漂与泊,这两种感受,实际上有很大不同。漂是动的,而泊是定的；漂是无方位的，而泊是有方位的；漂是劳作的，而泊是稍息的。

对于人生之漂荡，各人可以有完全不同之感受。即使是同一个人，心境不同，时间与地点不同，感受也可以有很大差异。李太白二十五岁离蜀出游，穿巴渝，过三峡，沿长江东下，渡荆门而入楚地，看到这样一派景色：

渡远荆门外，来从楚国游。
山随平野尽，江入大荒流。
月下飞天镜，云生结海楼。

一望无际浩浩平野，当面而来，形势险要峻拔之荆门山，失去往日雄姿，悄悄消失于地平线。滚滚大江挣脱荆门、虎牙两山夹击，驰入空旷大地，如脱缰野马，尽情奔腾。

夜里，宽阔江面投下月亮光影，犹如天降明镜，闪耀着清辉；清晨，平野之上云霞聚集，色彩绚烂，呈现出海市蜃楼般奇景……

看到这壮观奇妙江景，诗人想到了什么呢？年轻诗人，想到了漂泊：

仍怜故乡水，万里送行舟。

这山野风光，这云月美景，毕竟都属他乡之域。这山是他乡山，这云是他乡云，这月是他乡月，一切都是他乡的。

第四章 诗水意象之空间坐标

只有这随流长江水,才真正属于家乡。"我"在蜀时它在蜀,"我"到楚地它到楚;"我"行万里路,它随万里送;"我"到异地他乡,它更不离左右。

一晃三十三年过去,年近花甲之太白,再过三峡。这位饱经风霜老人,对于江水之感受,已经完全不同:

> 巫山夹青天,巴水流若兹。
> 巴水忽可尽,青天无到时。
> 三朝上黄牛,三暮行太迟;
> 三朝又三暮,不觉鬓成丝。

三十三年前,故乡之水送游子远走他乡;三十三年后,满身伤痕游子踏上归乡路。同样是这江,同样是这水,那时送走的,是一个英俊少年,而今迎回的这人,却早已白发斑斑。

安史乱中,太白因参加永王李璘幕府受牵累,被流放夜郎。去流放地,于乾元二年(759),途经三峡。看到峡中湍急江水,诗人心情格外沉重:这流浪之路,多么艰难!

三天三夜,走不到这黄牛山,"朝发黄牛,暮宿黄牛,三朝三暮,黄牛如故"。太慢了,太慢了,这走不完的路啊,这漂不完的水。走啊,走啊,"我"已经满怀疲惫!漂啊,漂啊,"我"已经两鬓霜花……

同样是漂泊,年轻时的太白,感觉明快而轻捷,及至老来,步子便变得沉重而涩滞。三十三年人生,加重了这漂泊份量，让这漂泊，成为生命中担当不了之重荷。出门时，带着空空行囊，归家时，依然两手空空。

这漫长流浪，不是没有加重人生份量，而是把这份量加到心里头。两手空空，然而心重如山。背负这如山般沉重心境，一步步，这垂老的太白，他一步步，往回走，走向生命尽头。

在异地他乡漂泊流浪，不免要遭受风吹雨打。风雨袭来，游子没有规避的家。他没有家，所以他必须迎着风雨，继续向前：

繁阴乍隐洲，落叶初飞浦。
萧萧楚客帆，暮入寒江雨。

这是唐大历进士柳淡柳中庸《江行》给我们描绘之情景：阴云滚动，洲渚隐没江中；秋风骤起，树叶洒落江浦。雨落江面，江水迷蒙一片，楚客帆船填簸起伏，在风吹浪打中艰难行进。

风中雨中浪中，又值秋深日暮，"楚客"本该移舟泊岸，但是"楚客"没有。漂泊流浪，是"楚客"本分，他们不能不冒雨夜行。

2. 漂泊者不能停下来

不论何时何地，不论阴晴早晚，漂泊者都不能停下来。他们必须不停地赶路，不断地朝前走。从一个村庄走到另一

第四章　诗水意象之空间坐标

个村庄，从一户人家走到另一户人家，从一个渡头走到另一个渡头：

> 金陵津渡小山楼，一宿行人自可愁。
> 潮落夜江斜月里，两三星火是瓜州。

已是深夜了，斜月泻辉，江水作声，一行路人来到这江边渡口。放眼望去，模糊一片，分不清哪是房舍，哪是树林。两三星火闪烁之地，据说就是瓜洲。

"行人"急于过江，便同声齐喊摆渡人，声音响彻旷野。夜深人静，喊声凄婉而悠长，像是倾诉，像是哀号，又像是控诉。

旷野沉睡，旷野不说话；江水无耳，江水听不见。那满脸沧桑摆渡人呢，此刻或许也已经沉睡。唯有这"行人"，披星戴月，往前赶。前头还有无数座山，要翻过，还有无数条水，要涉过，不能停步，现在不能停步。一切都睡了，但是"行人"不能睡。

唐元和、长庆年间著名诗人张祜张承吉，给我们描绘这一"行人"形象，与上诗"楚客"相照应，几乎构成漂泊流浪者之完整人格。

"楚客"顶风冒雨，艰难行进；"行人"披星戴月，匆匆赶路。不得暂住，不得安歇，是"楚客"和"行人"共同命运，也是一切漂泊者、流浪者之共同命运。

一个境界高远之人，不管他生活在哪一时代、生活在怎

115

样境况中，不管他是在朝还是在野、是当官还是种田，不管他是想得到还是想不到、是愿意还是不愿意，他之心灵，总是永远是在漂泊中、是在流浪中，他脆弱而敏感的心灵，在现实人间里找不到安顿处所；在这平凡、庸碌而又急功近利世界里，他无以安身立命：

> 扁舟去作江南客。
> 旅雁孤云。
> 万里烟尘，回首中原泪满巾。

一直以"山水郎"自居的宋代词人朱敦儒朱希真（1081—1159），如今也不可能纵情山水了。金兵的铁蹄，踏碎了北方原野，词人不得不开始他漂泊流浪之行程。跋山涉水，辗转流徙，一路所见，四处烽烟弥漫，百姓流离失所。

这远行者，如旅雁，飞上漫漫长途；如孤云，无依无靠，任凭东西。回首身后，万里烟尘，望不见家乡，望不见故人，望不见依依惜别水：

> 碧山相映汀洲冷，
> 枫叶芦根。
> 日落波平，愁损辞乡去国人。

江南山水多么美好！眼前波平如镜，孤山犹如美人发髻，倒映水中，又似美人临镜梳妆。太阳从平水那一端落下去，怨愁从词人心里头升起来。

这无情江水，把自己带离故园，越走越远；何处是尽头，何日得归家？想到这一切，这孤独漂泊者泪洒江水，情不自禁！

3. 秋瑟日暮泊舟

相对漂而言，泊是暂时的安歇。正因它只是暂时的，所以泊者虽泊，却并不能消解怨愁：

> 五岭恓惶客，三湘憔悴颜。
> 况复秋雨霁，表里见衡山。
> 路逐鹏南转，心依雁北还。
> 唯余望乡泪，更染竹成斑。

这是唐上元进士、则天朝尚方监丞、左奉宸内供奉宋之问宋延清（约656—712）"晚泊湘江"时之感受。一曰"恓惶"，表明诗人惶恐不安；二曰"憔悴"，表明诗人心事重重、顾影自怜；三曰"洒泪"，表明诗人孤苦无奈、绝望悲观。

睿宗继位后，曾极得武后赏识之诗人，被流配钦州，于是乘舟溯湘水而上。在一个漆黑夜晚，诗人的孤舟，在湘江边泊定：

此次是戴罪南行，所以一路惶恐不安。

在湘江边泊定，看到江水中自己的身影，人已憔悴。

秋雨初霁，江平如镜，衡山的影子也倒映水中。

再看头顶，大鹏扶摇直上，展翅南飞。

衡山有回雁峰，据说南归鸿雁至此北回。

虽也是南行，但"我"不如大鹏，南征无望；

虽也是到了衡山，但"我"不如鸿雁，北返无期。

人在南行，心系北归；越往南行，离家越远，北归的心愿越是强烈。

北归的心愿越是强烈，越是有图南不如鹏、顾北不如雁的茫然。

两头空空，最后只剩下辛酸的泪水，再一次染竹成斑……

延清把自己泊在一个两头空空位置，所以有"恓惶"、有"憔悴"，更有"泪水"。漂泊流浪中这暂歇之"泊"，看来是很有讲究的：

> 移舟泊烟渚，日暮客愁新。
> 野旷天低树，江清月近人。

这是求仕无门、长安落第后的孟浩然，"宿建德江"时之感受，时间是在唐开元十八年（730）秋天。与延清不同，延清有"泪"，是因为泊错了空间；而浩然有"愁"，则是因为泊错了时间。

浩然把自己泊在了秋瑟日暮时节，所以免不了平添许多新愁：

第四章　诗水意象之空间坐标

原野平旷，遥接天际，自舟中平视，天比树低；

江水清澈，明月倒映，自舟中俯视，月与人近。

一叶孤舟慢慢移向烟雾笼罩的江中小洲。

泊定下来，天色已晚。

"客心愁日暮"，这秋色黄昏无端勾起"我"莫名的愁怀。

周遭幽寂、清旷而凄冷，唯有江中的水月，抚慰"我"孤寂的心灵。

同样因泊错了时间而"愁"闷难眠的，还有唐天宝进士、大历检校祠部员外郎张继张懿孙。他在一个初冬夜半，泊舟苏州枫桥：

月落乌啼霜满天，江枫渔火对愁眠。

姑苏城外寒山寺，夜半钟声到客船。

"枫桥夜泊"之"夜"，不是一般的夜，而是后半夜，"月落"一语就标明了此点。这后半夜，又不是一般的后半夜，而是初冬之后半夜，"霜满天"是最好说明。

在这寒冷冬夜，"我"的小舟停泊到枫桥边。姑苏城早已沉沉睡去，"我"只好在这城外江中过夜。躺在小舟中，看天边残月、江岸枫树，与渔舟中灯火，久久不能入睡。彻骨寒气包裹着"我"，使"我"倍感这漂泊的凄凉；寒山寺的钟声，一阵阵传来，打破这寒夜寂静，也催醒"我"这羁旅无奈。在这清冷而空远钟声里，在这凛寒而愁闷后半夜，

119

"我"无以成眠……

秋瑟日暮不是泊舟好时节,冬霜夜半最好也不要抛锚停船。也许,最好的泊歇季节,根本上是没有的。只要还在漂泊中,只要他还在流浪,远行者灵魂,便得不到安顿,这是没有办法的事。人在旅途,不可能没有愁怨:

> 才入维扬郡,乡关此路遥。
> 林藏初过雨,风退欲归潮。
> 江火明沙岸,云帆碍浦桥。
> 客衣今日薄,寒气近来饶。

船才到维扬郡,归家之路还很漫长。而今暂"泊扬子津",感觉似乎好冷好冷!单薄衣裳,挡不住严寒,凛冽寒风袭上来,凉透双颊,凉透四肢,也凉透"我"这疲惫之心。

祖咏(699—746)虽是开元进士,却终身不曾入仕,一生贫病交加,他在"泊扬子津"时感觉"寒气逼人",是有其道理的。他所感受的,实际上是他自己整个一生:这孤苦生命是"寒气逼人"的,这漂泊流浪生涯是"寒气逼人"的……

更为"寒气逼人"的,是这漂泊流浪,无端耗尽了远行者之青春年华:

> 一叶扁舟轻帆卷,暂泊楚江南岸。
> 孤城暮角,引胡笳怨。

水茫茫，平沙雁，旋惊散。
烟敛寒林簇，画屏展。
天际遥山小，黛眉浅。
旧赏轻抛，到此成游宦。
觉客程劳，年光晚。
异乡风物，忍萧索，当愁眼。
帝城赊，秦楼阻，旅魂乱。
芳草连空阔，残照满。
佳人无消息，断云远。

柳永柳耆卿（约980—1053）虽少负才名，但功名蹭蹬，及第已老，游宦更迟，而且仕途坎坷，潦倒终生，他在"暂泊楚江南岸"时，感觉年华已逝、光阴无多，是非常自然的。追想从前，伤心今日，哀怨尽在不言中。

4. 一泊又一泊，泊比泊更愁

泊中感受，陆游陆放翁（1125—1210）又有所不同。他在"晚泊"时，想到的不是"寒气逼人"，也不是年华早逝；他想到的是令人惆怅的"下一泊"：

半世无归似转蓬，今年作梦到巴东。
身游万死一生地，路入千峰百嶂中。
邻舫有时来乞火，丛祠无处不祈风。
晚潮又泊淮南岸，落日啼鸦戍堞空。

宋孝宗干道六年（1170），四十五岁的放翁，启程夔州通判任，沿长江西行入蜀，夜泊江边，不觉想起自己漂泊不定之身世。一泊又一泊，泊比泊更愁，不知这漂泊流浪日子，到何时才能完结。

同样是"泊"，而且同样是"夜泊"，"慎娱居士"李流芳李长蘅（1575—1629）却另有一番感受，与他人迥然不同：

明月黄河夜，寒沙似战场。
奔流聒地响，平野到天荒。
吴会书难达，燕台路正长。
男儿久为客，不辨是他乡。

明神宗万历三十四年（1606），长蘅中举，之后两次会试，均不第。这是第三次赴京城参加会试，途经黄河，"夜泊"河边，想起自己艰难仕进，心境黯然。

两次皆败，这一去又会如何？从故乡吴地，到京城燕台，其路何其遥遥；从举人到进士，其路何其遥遥！"我"已在这长长路上奔波了许多年；"我"似乎已经习惯了异客他乡。也许早已不是"客居"，而是"家居"；早已不是"他乡"，而是"家乡"。

"男儿久为客，不辨是他乡"，这种感受是真实的，但却是沉痛的、悲凉的。早在八百多年前和长蘅一样，也是屡举进士不第的贾岛贾阆仙（779—843），就曾在无可奈何情形中，暂且把"他乡"当"故乡"：

第四章　诗水意象之空间坐标

客舍并州已十霜，归心日夜忆咸阳。
无端更渡桑干水，却望并州是故乡。

在"晚泊"中，清国子监生洪升洪昉思（1645—1704）感到的是孤单：

空江烟雨晚模糊，越峤吴峰定有无。
宿露连拳鱼泼剌，败芦深处一灯孤。

昉思很有才华，曾写成著名戏曲《长生殿》。康熙二十八年（1689），在北京寓中演出该剧，适值佟皇后丧服期内，被革职下狱。

昉思归里，生活潦倒，漂泊于故乡钱塘，花甲之年，坠水而亡。昉思常说自己是"江湖双泪眼，天地一穷人"。这一个深秋，诗人晚泊江边：

白日烟雨空江上，还有两岸峰岭相迎送，
夜幕降临，苍茫中峰岭便只剩下隐约起伏的暗影。
船边枯败的芦苇，告诉"我"这世界的荒凉。
也告诉"我""我很孤单"！
只有鱼跃的水声，偶尔打破这无边的沉寂。
"念吾一身，漂然旷野"，
天地之间，只有扁舟一叶，
暗夜无边，只有孤灯一盏。

"我"就如这昏黄的灯光,在夜风中摇曳。

惨淡、孤独而又凄凉……

对于人生种种感慨,之所以在"泊"中很自然升腾起来,只因这"泊"是无尽漂荡之中断与暂歇。在漂荡中埋在心底者,在"泊"中会溢出心外;在漂荡中无暇顾及之愁绪,在"泊"中会暂得闲暇,回头一望。

"泊"是漂泊者暂时之寓所,是流浪者暂时之家园。其实也许不必是在"泊"中,只要是在江边、在水边,人生孤独无依感,便会自然涌现出来:

客心愁日暮,徒倚空望归。

何逊何仲言来到富阳浦口这异地他乡,在日暮黄昏里向北眺望。望不到家乡,望不到故园,只空望着归途:

山烟涵树色,江水映霞晖。
独鹤凌空逝,双凫出浪飞。

山上烟雾迷漫,苍茫一片,与郁葱树木相为一体,融为一色。富阳江水与落日晚霞相辉映,江水被五彩云霞染得五颜六色。孤独仙鹤展翅飞翔,在万里长空飘然而逝;结伴野鸭在江水中嬉戏,和着滚滚白浪腾空而起。

看着这江水,望着这江边情景,诗人想起了自己漂泊与孤单:

第四章 诗水意象之空间坐标

> 故乡千余里，兹夕寒无衣。

富阳江水荡起了仲言"兹夕寒无衣"之感慨，这感慨是漂泊流浪者常有之情怀：

> 鹦鹉来过吴江水，江上洲传鹦鹉名。
> 鹦鹉西飞陇山去，芳洲之树何青青。
> 烟开兰叶香风暖，岸夹桃花锦浪生。

唐肃宗上元元年（760）春天，李白李太白来到这江夏长江岸边。望着这江水、水中鹦鹉洲，望着这江边春色，诗人感到的是：

> 迁客此时徒极目，长洲孤月向谁明。

"我"这寄人篱下、漂泊无依之"迁客"，徒望一江春水，满胸怨愁可以向谁诉说？

5. 不尽长江北清溪边

仲言在富阳江畔感慨漂泊，太白在长江岸边哀怨流浪，如今杜甫杜子美（712—770）却是登上高顶，来抒发自己久客异乡的愁怀：

> 风急天高猿啸哀,渚清沙白鸟飞回。
> 无边落木萧萧下,不尽长江滚滚来。
> 万里悲秋常作客,百年多病独登台。
> 艰难苦恨繁霜鬓,潦倒新停浊酒杯。

这是唐大历二年(767)深秋,子美流寓夔州,登高远望,感觉自己将要走到生命尽头:万里作客奔波苦,暮年多病登高孤。漂泊异乡,病魔缠身;鬓发斑白,因病断酒。这时候,寥廓江天、无边秋色、国难家仇、贫病衰老,一样样,一件件,一场场,一幕幕,一起涌上诗人心头。

"万里悲秋常作客",这悲壮苍凉呼喊,击碎了多少流浪者的心!

唐大历五年(770),子美漂泊至潭州。清明节前一天,就要告别人世,子美再也无力登高,只得躺卧舟中,感叹人生:

> 佳辰强饮食犹寒,隐几萧条戴鹖冠。
> 春水船如天上坐,老年花似雾中看。
> 娟娟戏蝶过闲幔,片片轻鸥下急湍。
> 云白山青万余里,愁看直北是长安。

在茫茫大水之中,年迈无依的子美,无家可归。只得卒舟而居。登高望水,子美感叹的是"常作客";舟中看水,子美感叹的依然是"愁看长安"。

第四章　诗水意象之空间坐标

诗人一生都在寻找自己的家园，找到这生命尽头，距"家"依然还有"万余里"。万里之遥，流浪者永远朝"家"走，永远还有万里之遥！走不到"家"，流浪者永远地走，永远地走不到"家"！——只要出走了，只要离家了，流浪者就永远不可能再回去！

以江水而写漂泊，不管是漂江、泊江，还是望江，均有回肠荡气之感；相比而言，以溪水而写漂泊，则不免让人陷入凄清幽婉之中。

唐天宝十三年（754），李白李太白来到池州城北清溪边：

清溪清我心，水色异诸水。
借问新安江，见底何如此。
人行明镜中，鸟度屏风里。
向晚猩猩啼，空悲远游子。

溪水碧透，清可照人，傍晚时岸边猩猩哀啼，无端引起"远游子"无限伤感。

元世祖至元二十年（1283），抛妻别子的谢枋得谢君直（1226—1289），独自一人，来到这异乡青峰之下、野水之畔：

十年无梦得还家，独立青峰野水涯。
天地寂寥山雨歇，几生修得到梅花？

诗人是宋宝祐进士，九年前在故乡信州抗元兵败，不得不抛家出走，元兵掳其妻及二子。入元后，蒙元朝延迫其出仕，至大都绝食而亡。

隐居闽中期间，以卖卜教书度日，倏忽十载，颠沛流离，苦不堪言，连做梦想家都不可能。寂寥天地间、青峰下、野水边，诗人看到一株梅花傲然挺立，昂首怒放，娇而不见其艳，冷而不见其淡，经山雨洗礼，愈加玉洁冰清，芬芳四溢。

蒋捷蒋胜欲是宋度宗咸淳十年（1274）进士。和君直之遭遇相近，胜欲也是宋末进士，也是入元不仕。区别只在君直隐居闽中，而胜欲则是隐居太湖竹山。

胜欲四处漂游，这一天，所乘小船阻雪于荆溪：

白鸥问我泊孤舟，是身留，是心留？
心若留时，何事锁眉头？
风拍小帘灯晕舞，
对闲影，冷清清，忆旧游。

白鸥栖息水滨，"我"也来到这溪水边。它问"我"是心留，还是身留，"我"真不知道如何回答。谁愿意行踪无定，漂泊四方？谁不希望拥有一片自己家园？可是"我"到哪里去寻找这家园呢？

"我"做梦都想，可"我"梦也梦不到，到如今，唯见荆溪寒水空自流：

旧游旧游今在否？

第四章　诗水意象之空间坐标

> 花外楼，柳下舟。
> 梦也梦也，梦不到，寒水空流。
> 漠漠黄云，湿透木棉裘。
> 都道无人愁似我，
> 今夜雪，有梅花。似我愁。

6. 听雨歌楼上客舟中僧庐下

江水、溪水而外，湖水和海水也可以作为感叹漂泊之重要背景。望着洞庭湖水，杜甫杜子美就曾兴起如此感慨：

> 昔闻洞庭水，今上岳阳楼。
> 吴楚东南坼，乾坤日夜浮。
> 亲朋无一字，老病身孤舟。
> 戎马关山北，凭轩涕泗流。

宇宙是如此弘阔，而"我"却是如此孤单，如一叶小舟，漂泊在无尽时间与空间里。离开所有亲朋，孤危无援，独自驶向生命尽头。

比湖水更大的是海水，漂泊在海洋中，人更易感觉到自己之渺小与无依：

> 不觉身如叶，随风入窅冥。
> 潮来天宇白，日照海门青。

> 孤屿遥相认，危樯觉有灵。
> 中流抚身世，万里一浮萍。

这是布衣终生的黄子云黄士龙（1691—1754）渡海时之感受：自己这一生，坎坷潦倒，无依无靠，不就正如这"大洋"中一叶浮萍，无根无柢，随水漂流吗？

蒋捷蒋胜欲蒋竹山，曾以一首《虞美人》词，来总结自己漂泊一生：

> 少年听雨歌楼上，红烛昏罗帐。
> 壮年听雨客舟中，江阔云低，断雁叫西风。
> 而今听雨僧庐下，鬓已星星也。
> 悲欢离合总无情，一任阶前，点滴到天明。

这是胜欲一生之写照，也是所有漂泊文人命运之缩影。少年奔波，只为"歌楼"、"红烛"与"罗帐"；中年奔波，只为怀才不遇，壮志难酬；而今日暮西山，两鬓霜花，再也无力奔走。只得蜷缩在这"僧庐"边，等待这无奈生命之终结。

生下来，一无所有，风尘仆仆一辈子，死去时，依然两手空空。这是胜欲之命运，是漂泊者之命运，是落魄文人之命运。

更是所有境界高迈远行者之命运！更抑或也是人类共同命运！

三、启程启程,江水悠长

哀怨与离愁,是人生中常见情感。中华文人,在哀怨与离愁袭上心头时,也常常很自然想到水,可见水是一种情感多么丰富之尤物!

1. 人生长恨水长东

南朝梁吏部尚书范云范彦龙(451—503)离开京城,赴零陵任所,启程前站在新亭之上,面对长江,吟咏着这样诗句:

> 江干远树浮,天末孤烟起。
> 江天自如合,烟树还相似。

江面宽阔无比,烟雾迷迷茫茫。对岸远树,犹如漂浮在江水之上,远处天边,高高升腾起一缕孤烟。更远处,江和天之尽头,水天自然融合,烟雾和树影昏暗一片,浑然相似,难分难辨。

江水消失之处,再往前,又是什么呢?流水是否依旧,烟雾和树影是否依旧?

> 沧流未可源。高帆去何已。

这江水源头在哪里？这江水尽头又在何方？这浩渺迷蒙江水，是不是没有开始，也没有结束，没有本源，也没有尽期？

哦，"我"知道了，江水是无有尽期的，一如"我"眼下这行程，千山万水，遥遥无期。告别京城，扬帆远去，何时才能停棹，何时才能走到尽头？跨过一山又一山，越过一江又一江，山外有山，江外有江，山永远绵延，水永远流淌，"我"之归处，究在何方？

此次离京而去，恐怕再也没有机会回来，恰如这没尽头江水，一去永远不复还。

不愿离开京城温柔乡，到一个遥远他乡去，这是彦龙面对无尽江水所想到的。江水"长"，成了彦龙表达怨愁之依托。以江水之"长"，表现怨愁之"长"，是中国文人常用手法。

十四年间纵情声色，而后便成为国之君的李煜李重光（937—978），把一个"长"字几乎写到极致。其《相见欢》词，上片写"短"：

林艳谢了春红，太匆匆！
无奈朝来寒雨晚来风。

美酒、鲜花、艳女，宫廷享乐生活，实在是结束得太快。寒风冷雨，把过去一切吹得粉碎。幸福日子何其短暂，转眼间即成过眼云烟。太短，太短，太匆匆。

第四章　诗水意象之空间坐标

> 胭脂泪，相留醉，几时重？
> 自是人生长恨水长东！

这是词之下片，写一"长"字。纵情声色日子，转瞬即逝，可人生之恨，却如江河东去，长得没有尽头。"天长地久有时尽，此恨绵绵无绝期"，在一"长"一"短"对比间，我们可以体会到人生脆弱与无奈。

"水长东"是一永恒存在，我们以我们脆弱人生，无法去改变。"人生长恨"恰如这东去流水，也构成一我们动摇不了之永恒。水无恨而人有恨，无恨之水永远东流，有恨之人生永无尽期。

把离愁别恨比作"流水"，不是新鲜主题。欧阳修"离愁渐远渐无穷，迢迢不断如春水"，秦观"便作春江都是泪，流不动，许多愁"（《江城子》），李清照"只恐双溪舴艋舟，载不动，许多愁"（《武陵春》）等等，无一不是用流水来显示怨愁。

但是有哪一句，能抵得上李后主这句"人生长恨水长东"？不为别的，只因李后主抓住了一个"长"字，江水本长，以其长来说明怨愁之长，是很自然恰当的。

宋神宗元丰进士、"姑溪居士"李之仪李端叔也很注重这个"长"字：

> 我住长江头，君住长江尾。
> 日日思君不见君，共饮长江水。

从江头到江尾，万里遥隔，于古人言，似乎横亘无穷时间与空间。但是只要有"水"在，两颗思念的心，总有相逢那一刻。"水"助就了这相思之达成，长长江水，系牵着两颗孤独寂寞心。

共饮一江之水，但却不能相见，这怨愁是用言语无法表达的。造成这怨愁的，不是水，而是"长"，水连接了两颗心，而"长"却把它们置于永远分离状态中。

看到这流水，就会想起，还有另一颗关照自己的心，在水那一端跳荡。对于一个孤独无奈人，这流水是一种安慰。但这流水，又实在太长，太长，长得让人寒心，长得让人永远不抱相见希望：

此水几时休，此恨何时已。
只愿君心似我心，定不负相思意。

最可恨的不是这水，而是这长。离愁如江水，长流无尽期。水有多长，愁就有多远。水何时休，愁便何时止。长长江水，拖带着长长离愁，向东流去，什么时候才是枯涸那一天？

2. 行舟绿水前江春入旧年

"思君如流水，无有穷已时"，用流水之长来表现哀怨与离愁，构成水文化中一种奇妙境界，每每给人生添加无限惆怅。

且看宋英宗治平进士、"山谷道人"黄庭坚黄鲁直（1045—1105）之《望江东》词：

第四章　诗水意象之空间坐标

> 江水西头隔烟树。
> 望不见，江东路。
> 思量只有梦来去。
> 更不怕，江阑住。

"我"在江西头，君在江东头，你我之间横亘万水千山。这遥远时空，又被暮春时节如烟似雾树林所遮隔。"我"在这头举目远望，"我"望不到水的尽头，望不到那一端的你。

"我"不是不知道，"我"在这高处遥望之无用，"我"是没有办法熄灭"我"对于君之思念，"我"明知在这长长时空里，"我"望不到你，但是"我"还是要站在这里，痴情远望。

"我"明白这人生之隔离，"我"知道你我之相聚与相见，只有在梦中才能实现。我不怕这长无尽头江水，是的，我不怕，我不怕这烟树遮隔，我只要能在梦里与君相会，我就已经足够。

我明白这离愁，明白这离愁达成之无奈，本是人生中推脱不了之重荷：

> 灯前写了书无数。
> 算没个，人传与。
> 直饶寻得雁分付。
> 又还是，秋将暮。

中华水文化

我明白这江水太长路太长，所以在现实里，我不抱相见希望。静夜孤灯下，我写就无数书信，想即使路再长，这书信总可以到达吧？不曾想这小小愿望，这人生中最微茫幻想，也难以实现。

在这喧嚣人世，找不到一个传书人，想来想去，只有将此事托付大雁。但是大雁什么时候才能来？现在是暮春，等雁来，要到深秋，我又如何去度过这漫长季节？

从江西到江东，我望不到这流水尽头；从暮春到深秋，我等不到这季节结束。这长长、长长离愁啊，在这长长、长长空间里，在这长长、长长时间中，什么时候才能有尽头？

江水不仅是悠长的，而且是浩大的。以江水之浩大来表现怨愁，也能达到很好效果。唐先天进士、开元年间著名诗人王湾，漂流吴楚，顺江东行，舟次北固山下，在残夜迷蒙、归雁声声中，眼望江水：

客路青山外，行舟绿水前。
潮平两岸阔，风正一帆悬。

潮水泛涨，江水浩大，江面几乎与两岸相平，在舟中望去，开阔而浩渺。一叶孤帆，高悬和风之中，把大江衬托得更为空阔寂寥。

王湾本是北方洛阳人，在南方漂泊本已满怀疲惫，如今在这北固山下，看到一片汪洋，更激起自己对于家人之思念：

第四章 诗水意象之空间坐标

> 海日生残夜,江春入旧年。
> 乡书何处达,归雁洛阳边。

眼前既是残夜,海日升起怕已不会太迟,眼前既是岁暮,春天到来怕也已不会太远。在这残夜即逝、旧岁将敛大江之上,北归大雁越过头顶,飞向渺渺天际。我多想把这恼人乡愁,托付大雁,送到洛阳城边。

3. 恰似一江春水向东流

这浓浓离愁,在诗人心里,就像这满江流水,广阔无边。浩大江水与无边离愁相对应,使我们对于人生升起一种无名伤感。这伤感流在天空,流在地上,流在水中,流在文人心里头:

> 春花秋月何时了,
> 往事知多少。
> 小楼昨夜又东风,
> 故国不堪回首月明中。

春之花、秋之月,年年如此,岁岁依旧,实在是具有永恒意义。与这永恒相比,人事只能归于"无常"。一旦归为臣虏,"日夕只以眼泪洗面",以往一切都没有了,消逝了,化为虚幻。昨夜小楼又起东风,告诉"我"时光又去一年。凭栏远望,月光中,"我"望不到故国,"我"知道故国已经不堪回首：

> 雕栏玉砌应犹在，
> 只是朱颜改。
> 问君能有几多愁，
> 恰似一江春水向东流。

故国宫殿亭台，应该还在吧？是的，"我"想应当在。"我"想逝去的，只是青春，只是"晚妆初了明肌雪"宫女容颜。宫殿永恒，而青春无常；亭台永恒，而朱颜不葆。这自然与人事之差异，激起"我"多少怨愁？

"往事已成空，还如一梦中"，在这永恒与无常对比间，李后主真切体会到刘希夷《代悲白头翁》中那句"年年岁岁花相似，岁岁年年人不同"之真实含义。

一方面是春花秋月、雕栏玉砌之永恒，另一方面是往事、青春与朱颜之无常。前头是"永恒"逼压，后头是"无常"摧迫，在这"永恒"与"无常"夹缝间，人看到自己怨愁，如一江春水，一泻千里，平了堤岸，满了堤岸，溢了堤岸，如满天迷雾弥漫周遭……

以江水之大，写怨愁之多，能写到如此境地，真是不易！

孟浩然年届不惑，方才满怀希望赴长安求仕，可惜没有得力人引荐，应试失败。这对壮志满怀浩然来说，无疑是沉重打击。他自此绝意仕途，踏上游历吴越漫漫长路。

唐开元十八年（730），四十一岁的浩然，漂泊到桐庐江畔。这是钱塘江流经桐庐县境之一段。"遑遑三十载,书剑两无成。山水寻吴越,风尘厌洛京"(《自洛之越》),孑然一身的浩然,在黄昏暮色里,独泊桐庐江上,面对茫茫江水、飒飒秋风、悠悠冷月,想起这孤独无奈人生,不禁黯然泪下。

羁旅之落寞、思乡之惆怅、理想之幻灭、人生之坎坷,种种愁绪一起袭上他心头:

> 山暝听猿愁,沧江急夜流。
> 风鸣两岸叶,月照一孤舟。

远处山色昏暝,猿之长啸,不时从薄暮中传来,凄切而哀婉,声声牵动旅人愁肠。岸边风起,风声与树木沙沙声,两相交织,发出阵阵呜呜。一切都隐没到无边夜幕里,只有清冷月光,照着诗人这一叶孤舟。这时候,诗人看到了急速奔泻之江流:

> 建德非吾土,维扬忆旧游。
> 还将两行泪,遥寄海西头。

脚下江水奔流不息,在这时节,这朦胧夜色中,不知为什么,江流尤其显得分外湍急。这湍急江水,激荡起诗人客居建德之乡愁,和对于广陵旧友之怀念。建德不是家园,广陵也不是家园,那生"我"养"我"之襄州襄阳,又何曾成为"我"的家。

明天，当太阳照样从东方升起，"我"又不知要漂向何方。这湍急江流啊，请你快快把"我"之思念，把"我"两颊泪水，带给大海西头友人，让他们知道，今天的"我"，还活在这江水之上。

尽管疲惫，尽管孤寂，尽管我望，但"我"毕竟还活在这江雾笼罩夜色里。"我"毕竟还活着。明天会如何，"我"不知道，你尽管快快流吧，这江水，你要快快流，免得耽搁我友人，接纳我沉重离愁和辛酸泪水。这不舍昼夜之江水，你就快快流吧，到明天，或许已经来不及……

孟浩然用江流之"急"来表达自己离愁与怨恨，这是江水一方面之特性。江水之另一方面，却又是"安"的、"静"的，南朝齐尚书水部郎、庐陵王记事何逊何仲言（？—约518），用江水之"安"与"静"来表现离愁别绪，正好和孟浩然相对应：

暮烟起遥岸，斜日照安流。
一同心赏夕，暂解去乡忧。

诗人远行，友人送别，来到今安徽当涂之慈姥矶。远处江岸，烟雾迷蒙，西去红日挂在天边，斜照江面，江水安静而平和。友人之深情，暂时缓解了诗人离愁，涤去了诗人心中无限烦恼，本来气势磅礴、奔泻而下之长江，因而在诗人目光中也变得稳重而平缓：

> 野岸平沙合，连山远雾浮。
> 客悲不自已，江上望归舟。

向着大江水流方向远望，远处江岸与平平沙滩融合为一，紧连一座座山峦，为浓重暮霭烟雾所笼罩，好像是在江上浮动，寥廓而苍茫。

"送君千里，终有一别"，此时友人就要解舟归去。诗人"悲不自已"，只能眼望江上归舟，摇桨启航，渐渐远去，远去，最后只剩下江水，只剩下水流，只剩下江水空自流……

4. 闲弄水入江云落溪津

用江水之"安静"来表现怨愁，比用江水之"急骤"来表现怨愁，更为沉重而苍凉。由"急骤"而达"安静"，必经重重磨难与挫折，由急骤之怨愁而达安静之怨愁，亦必以长居炼狱为前提。大智若愚，大哀若死，最深沉怨愁，是不动的：

> 轻鸥欲下寒塘浴，
> 双双飞破青烟绿。
> 两岸野蔷薇，翠笼薰绣衣。

宋安定郡王赵令畤赵德麟（1051—1134）在描写大哀以前，给吾人铺就的，是这样一幅安平无声场景：一双轻鸥从春烟中穿过，好像要落到寒塘去戏水，不料突地向上翻转，回身飞入迷蒙碧空。蔷薇盖满江岸，红花衬上绿叶，犹如在翠色熏笼上，铺着红艳绣衣……

这场景如一幅画，是静止不动的。但在这"静"背后，却隐含着深沉无比愁怨：

> 凭船闲弄水，中有相思意；
> 忆得去年时，水边初别离。

好一个"闲"字，好一个"边"字。"闲弄水"表示弄水者心平如镜，"水边"表示流水本身静极无声。两个"水"字，均显"安静"之态。这安静之水，与上片安静之场景相应和，构成一种平白无事氛围。

但是词人果真是平白无事吗？不是，词人内心隐忍着巨大悲痛，这"安静"之水所表现的，正是词人刻骨铭心思念：去年此时，也是在此处，相好女郎一去不再。她现在到了何方，她为什么不再回来，这一切"我"都无法知晓。

她还会回来吗，在"我"与她之间，还有没有聚首相会那一天，这一切有谁能告诉"我"？看碧空轻鸥，轻鸥不说话；逗江中流水，流水不作声。默默凭船，静水托起孤舟，也托起"我"这颗破碎心。

溪水因其小，常常是极静极幽的。就此方面说，它可以表达"安静"之江水所表达之境界：

> 桃溪不作从容住，
> 秋藕绝来无续处。

第四章　诗水意象之空间坐标

> 当时相候赤阑桥，
> 今日独寻黄叶路。

这是婉约派集大成者、少有才学的"清真居士"周邦彦周美成（1056—1121）《玉楼春》词之上片。以《幽明录》所载刘晨、阮肇溪边饮水遇仙女之典故起头。刘、阮二人在桃溪边与仙女分手，自此无缘再相聚。词人在赤阑桥上与情人告别，如今也是落个"独寻黄叶路"结局。

> 烟中列岫青无数，
> 雁背夕阳红欲暮。
> 人如风后入江云，
> 情似雨余黏地絮。

烟雾中群山成列，雁背上斜阳欲暮。过去情人，如被风吹落江心云彩，早已一去无踪；而自己这一边，却始终不能释怀，如雨中粘在泥中柳絮，无法解脱。

词之上片写人不能留，词之下片言情不能已。人不能留而又情不能已，此种两难心结，用溪水之静幽曲折去表现，是很为恰当的。

用溪水去表现女人心及其哀怨，更为精妙：

> 京洛风流绝代人，
> 因何风絮落溪津。

> 笼鞵浅出鸦头袜，
> 知是凌波缥缈身。

"白石道人"姜夔姜尧章（1155—1221）这首《鹧鸪天》词，起始便作直接描写：临安这绝代佳人，为何像风中飞絮，飘落苕溪？这风中飞絮，委身尘土与流水，无人怜悯无人惜。从你笼鞵里头，微微露出鸦头袜，"我"知你是身如流水，漂泊无依……

> 红乍笑，绿长颦，
> 与谁同度可怜春。
> 鸳鸯独宿何曾惯，
> 化作西楼一缕云。

尧章屡试不第，布衣终身，一生过着游荡不定生活，故对于天下沦落人尚能存一份同情之心：朱唇轻启，莲脸生春；双眉紧蹙，胸怀忧伤。这良辰美景，有谁与你共同度过？你孤苦一人，寂寞难当，直到如今还在经受感情折磨，难忘那"朝朝暮暮，阳台之下"欢愉场景。你这如水柔弱身躯，如何能够承受得住？

这首词于宋孝宗淳熙十年（1183），写于苕溪。望着溪水，词人便很自然想起这位"风流绝代人"不幸命运，表明女人哀怨与这溪水，显然有许多共通东西。

以春水为背景来写妇人哀怨，严仁严次山《醉桃源·春

景》值得一读,兹录如下:

> 拍堤春水蘸垂杨,水流花片香。
> 弄花嚼柳小鸳鸯,一双随一双。
> 帘半卷,露新妆,春衫是柳黄。
> 倚栏看处背斜阳,风流暗断肠。

另外,唐大和进士雍陶雍国钧(805—?)以桥为由头写离愁别恨,很是入流,且桥总与水有关联,故特录其诗《题情尽桥》如下:

> 从来只有情难尽,
> 何事名为情尽桥。
> 自此改名折杨柳,
> 任他离恨一条条。

第五章　诗水意象之时间坐标

以流水比喻年华之流逝，似乎是一永恒话题。人不能不老。人既老矣，便想着归家。到异地他乡流浪一圈而归家人，较之永不出门、老死故里安分者，完全是另一种心境。

一、门前流水尚能西

以流水来比喻年华流逝，似乎是最为恰当的，因为水无形，时光亦无形，水一去不回，时光亦一逝不再。水在其本性里，似乎就必定与时光相契合，扯也扯不开，分也分不离。

但流水与时光毕竟有所不同，流水向东入大海，海水升腾又到江河源头，使江河之水永不枯竭，从此意义上说，流水是循环的。但时光相反，时光不可能循环，时光逝去，只能是永恒消亡。

1. 送流水钓船归黄昏雨

张若虚（约660—720）那句"人生代代无穷已，江月年年只相似"，表达的正是此种情怀。这位"孤篇横绝，竟成

第五章 诗水意象之时间坐标

大家"的吴越女士,在一个春天夜晚,乘着月色,来到长满鲜花的郊野江水边:

> 春江潮水连海平,
> 海上明月共潮生。
> 滟滟随波千万里,
> 何处春江无月明。

江和海相连,海和月共生,江海相通,春潮涣涣,月光随海潮涌进江来,潮水所到处,月光随之到,夜中江水,无处不有月光闪耀。江水在长满鲜花郊野上,曲折流过。月色如霜,撒在花林之上,竟致"汀上白沙看不见"。在这被朦胧夜色笼罩江水边,诗人兴起无限感慨:

> 江畔何人初见月,
> 江月何年初照人。
> 人生代代无穷已,
> 江月年年只相似。
> 不知江月待何人,
> 但见长江送流水。
> 白云一片去悠悠,
> 青枫浦上不胜愁。

这江水边,是谁第一次见到这明月,这明月,又是何时开始把它光辉洒向人间？人事代代相传递，时光一去不再还，江水依旧，明月依旧，总在海上生，总在空中悬，日复一日，年复一年，好像总在那里静静等待。

千百年过去了，江月依然；千万世过去了，江月依然；永恒迭着永恒、无限迭着无限，过去了，江月依然。"岁岁年年花相似，年年岁岁人不同"，在这永恒不语宇宙面前，人类何其渺小，人生何其短暂！

江水是不变的，它在月夜里流淌，年年如斯，岁岁如斯。人生是变化着的，今日非昨日，前水非后水。以易变易逝之年华，临永恒如斯之江水，怎不令人生起无限惆怅？

也是在一个春日，唐中书舍人杜牧杜樊川（803—852）来到长江支流汉水岸边。放眼望去，江水轻渺迷蒙，悠悠烟波里，几行白鸥展翅飞翔。一江晶莹透亮、碧绿几可染衣之春水，滔滔东去，欢快少妇，正在江畔洗衣。笑声和着春水荡漾，春色染绿她们衣衫，春意浸透她们心房……

> 溶溶漾漾白鸥飞，
> 绿净春深好染衣。
> 南去北来人自老，
> 夕阳长送钓船归。

200多年后，苏轼苏东坡在黄鹤楼上，也是望着这汉江水，感叹自己仕途失意。而现在，面对这一江春水，樊川想到的不是失意，而是年华流逝。他没有失意，作为宰相后代，一路官运亨通。他所感慨的，只是这易老人生，这"时不我待"所谓生命。

四海飘零，不知不觉间两鬓霜花，如今一身疲惫，伫立这春光融融汉江之畔。生命如春光般美好，亦如春光般短促。春光可再，而人生不再。今年春天逝去了，来年春天又会给江水重新带来"溶溶漾漾白鸥飞"气象；可人之青春，那春天般岁月，却是永逝不返！

江空之上，今日西坠、明日复至这夕阳，可以日复一日，映照归岸钓鱼船；而今年今日在此伫立之我，明年今日将在何方？明年今日，夕阳依然伴归钓鱼船，可那船将是哪一只，那渔翁又将是哪一个？

山长在，水长流，可叹青春不长有，在东方文化中，这几乎成水与年华关系之永恒主题。张若虚在月夜里观水，揭示的是这一主题；杜樊川在白日里观水，揭示的也是这一主题。

更有由花落流水而生起此等感慨的：

> 烟渺渺，碧波远。
> 白露晞，翠莎晚。
> 泛绿漪，蒹葭浅。
> 浦风吹帽寒发短。
> ……
> 芳草愁，西风起。
> 芙蓉花落秋江水。

> 江白如练月如洗,
> 醉下烟波千万里。

这是明弘治年间进士何景明何仲默（1483—1521）《秋江词》之一部分。作者望着波光粼粼，在薄雾蒙罩下向前流去一江碧水，望着江风吹拂下茂密苇丛，在浅滩岸边，泛起层层绿色波浪，心头不禁掠过一丝"寒"意。

"寒"甚于"凉"，作者不说"凉"，而说"寒"，表明作者对于年华逝去，几乎达到恐惧程度。这种恐惧，在西风习习夜色里，更为加重，因为这时盛开荷花，被吹落江面，随水漂流，催作者联想到这充满坎坷、年华易逝人生。

望着落花流水，为这易老人生而胆"寒"，这该是一种如何凄婉心境！

但无论如何，江水依然流，青春依样老，人最伟大努力，也隔不断江水、留不住岁月。在这时，人除了愁怨与寒凉，另当有别样心境。仲默用一"醉"字来面对这一切，把心头思绪托付流水，"醉下烟波千万里"。司马光之侄孙司马槱司马才仲写到的那些人，所持的，却是"不管"：

> 家在钱塘江上住。
> 花开花落，不管年华度。
> 燕子又将春色去，
> 纱窗一阵黄昏雨。

这临安钱塘江上歌女，一如这江畔花草，逢春而生，遇秋而谢，对于时光流泻，并无惶惑忐忑之虑，更少寒凉之意。如今燕子又要带走春天，把春色衔走，这时节，在黄昏细雨中，她们却又出现在钱塘江畔纱窗前。

> 望断云行无去处，
> 梦回明月生春浦。

人散客去，美女独坐床头，凝望天边流云，痴想自己归宿，与这流云般漂泊无定生涯。记不起自己年华逝去，梦中醒来，望见春江岸边升起明月。感觉似乎又腾跃起新希望。

2. 西溪水流水外饮马泉

江水流淌，能使人联想起青春易逝，只因江水浩大，恰如青春勃发与不可压遏。

较之江水，溪水要小得多。由怅望溪水而生"时不我待"之感慨，当另有理由。

一生潦倒失意，最后客死异乡的晚唐杰出诗人李商隐李义山（约813—858），是一擅写"夕阳"之人，他在登高时想到了"夕阳"：

> 向晚意不适，驱车登古原。
> 夕阳无限好，只是近黄昏。

诗人带着抑郁心情，登上这"八百里秦川"上乐游原。从原顶俯瞰，城阙宫殿、雁塔曲江，历历在目。一切皆那么美好，唯一可憾者，只是黄昏将到，随之而来的，便是血暮、残夜与黑暗。

在长安登原，看到的，是"夕阳"，在梓州（今四川三台县）临溪，见到的，同样是"夕阳"：

怅望西溪水，潺湲奈尔何？
不惊春物少，只觉夕阳多。

诗人这短暂一生里，好像只有"夕阳"，而没有朝日。潺潺流淌溪水边，诗人看到无数春天景物，更看到比春天景物更多更浓"夕阳"。春天里夕阳，夕阳下溪水，织成一幅惆怅落魄图画，使人想起"生命"就欲落泪。

这是唐宣宗大中六年（852）春天，义山来到这里，来到这溪水边，为自己祈祷：

色染妖韶柳，光含窈窕萝。
人间从到海，天上莫为河。

柳叶与女箩翠色，染绿清澄缓流溪水，这西溪水呀，你流到大江，流到大海。你流到天上，不要成为银河，阻止我回到朝廷，阻止我和我亡妻相会！

溪水曲折，岁月在曲折里蹉跎，这大概是由溪水而能想到

第五章　诗水意象之时间坐标

年华之动力。在曲折里蹉跎，常耗尽大半人生，至迟暮之年，突悟到时光不再，这大概是由溪水领悟时光必经"夕阳"之原因。溪水和着夕阳，使人对于时光与人事产生永恒之悔：

> 深孤艇，东皋过遍。
> ……水远。
> 怎知流水外，却是乱山尤远。
> 天涯梦短。
> 想忘了绮疏雕栏。
> 望不尽，冉冉斜阳，
> 抚乔木，年华将晚。

王沂孙王圣与（？—1290）此处"流水"与"斜阳"，正对应李义山之"溪水"与"夕阳"，大概小小溪水，若不和着夕阳与斜阳，是难以引人有所领悟的。

水流乱山外，梦比乱山远；望水边斜阳，叹人生迟暮；抚长大乔木，知年华将晚。该做的事情都未做，该圆的梦幻均未圆，老之将至，去日无多，不甘，不甘，不甘！

比溪水更小的，是泉水，由泉水而能想到年华，盖因泉水清澈透明，如一面镜子，可以鉴照发鬓。唐大历进士、礼部尚书李益李君虞（748—827）这一天来到饮马泉边：

> 绿杨著水草如烟，
> 旧时胡儿饮马泉。

> 几处吹笳明月夜,
> 何人倚剑白云天。

绿杨拂着水面,野草茂密如烟,这里就是鹡鸰泉,曾有入侵北方胡人军队,在这里饮马。只听见月夜里,笳声悲悲,不曾见戍边者,倚天抽剑。来时关山被冰雪封冻,如今河水已经解冻,融融漾漾从脚边流过。

临流照影,鬓生霜花,自感青春已逝:

> 从来冻合关山路,
> 今日分流汉使前。
> 莫遣行人照客鬓,
> 恐惊憔悴入华年。

这水太清太明了,不要让远来行人到这水边来,看到自己容颜憔悴而惊心。逝自逝矣,老自老矣,就让它逝去,老去吧!只是不要让"我"看见、让"我"照见。眼不见,心不烦,不到这明水边,照不到"我"雪白鬓发,"我"也就想不起年华已逝,"我"也就不用担心跨进新一年。

3. 一池春水一道潺湲门前流水

泉水是动的,池水是静的,泉水能照人,池水更能照人。临池鉴影,人们同样会有"年颜近老"之感触:

第五章　诗水意象之时间坐标

> 一池春水绿于苔，
> 水上花枝间竹开。
> 芳草得时依旧长，
> 文禽无事等闲来。

池水碧绿，岸边花竹相间。池边芳草，一到春暖时节，便又生长出来，美丽鸟儿，每年也都能按时飞来，欢蹦跳跃，自由自在。而人呢？

> 年颜近老空多感，
> 风雅含情苦不才。
> 独有浴沂遗想在，
> 使人终日此徘徊。

未盛开的花，没有机会再开；未长出的草，没有机会再长；未飞来的鸟，没有机会再来；未完成的事，没有机会再做。这是王安石之弟、宋熙宁进士王安国王平甫（1028—1074）在池水边所想到的。换一个人，也许不作如是想，但平甫却就是这么想的：

岁月蹉跎，老大民成，空有大志宏愿。

想写出好诗来抒发自己感慨，又苦于没有诗才。

只留下"浴乎沂，风乎舞雩，咏而归"遗愿，

让人终日在这池水边徘徊。

平甫春日临池，由年年可开花朵、年年可长芳草、年年

155

复来文篱，想到岁岁不再光阴，其感受，与君虞鉴水惜年，是不同的。平甫并没有看到自己霜鬓与华发，平甫看到的，只是"池上春日"。

仲默因睹"芙蓉花落秋江水"，而领悟到年华易逝与生命飘零，这感觉曾使他为人生胆"寒"。其实早在几百年前，唐人罗邺就已经有了另外感受：

> 人间莫谩惜花落，
> 花落明年依旧开。
> 却最堪悲是流水，
> 便同人事去无回。

花落不堪惜，最悲是流水，这种感触真是把"流水"特性，突出得可以了。落花与流水，是不同的，春去春会来，花谢花再开，完全没有必要为落花惋惜。流水反之，流水一去不复还，流到今天，它流不回明天，流到来年，它流不回今年。

罗邺累举进士不第，青春岁月在苦读中流逝，他对于一去不再流水最敏感。他诗歌里，常常有悔恨之水流过：

> 一道潺湲溅暖莎，
> 年年惆怅是春过。
> 莫言行路听如此，
> 流入深宫恨更多。

第五章 诗水意象之时间坐标

这是他《洛水》一诗前四句,同样是恨水,同样是对于流水怀抱莫名惆怅。水对于罗邺,成为永恒咒语,不论在《洛水》中,还是在《流水》中,水永远是不祥象征。

落花诚然可怜,但"花落明年依旧开";流水最为可悲,只因它"便同人事去无回"。可再的东西,唤不起人们对于年华感慨,唯有那一去不再的流水,促人去咒骂这易老人生。流水与年华易逝,这永恒主题,到苏轼苏东坡那里,似乎有了某种转折。

东坡看到的,同样是流水,想到的,同样是年华,但感受却完全不同:

谁道人生无再少,
门前流水尚能西。
休将白发唱黄鸡。

东坡一生不得意,仕途坎坷,四处漂泊,面对流水,尚能有如此情怀,真不简单。这是宋神宗元丰三年(1080)春天,刚从牢狱出来的东坡,被贬黄州时节,东坡和聋医庞安常一起游览清泉寺,打发寂寞时光。清泉寺"寺临兰溪,溪水西流"。正是这西流兰溪水,给了东坡一个领悟人生契机。

由于地势关系,中华大地上,一般是"一江春水向东流",向西流淌之水,很少。正因如此,在中华文人心目中,"流水东去"总是和"时光不再"联系在一起。现在兰溪西流，自然会使东坡联想到"人生可再少"。

此时东坡，望着西去流水，感觉人生并非全无希望，逝去的日子，还会再来，老去的青春，还会再生，过去的坎坷与失意，就让它过去吧！来日方长，一切都还有望，有什么必要去悲叹"白发苍颜"人生?!

流水无情人有情，只是有了人，流水与年华才被扯到一起。每一刻，每一时，我们人生都在不断逝去，这情形是真实的。这真实情形，本和流水没有关联，人之多情，是流水与年华之粘合剂。人永远多情，流水永远与年华在一起。

二. 京口瓜洲一水间

每一个出门在外人，都有回家愿望。对于那些心灵漂泊者与流浪者，此种愿望更为强烈。

身在外而心在家者，当他回到家里时，依然可以享受身心合一之愉悦；而对那些身在外心亦在外者，他归家便成了一种永远梦想。只要他心是不在家的，无论他身处何地，都永远失去身心合一"居家"之幸福。

1. 波浪大江潮落

他可以把自己身体，安顿到某个角落里，躲避风雨；他却永远无力给自己心灵，找到家园。身体离家了，还可以再回去；心灵一旦离家，便永无回归希望。

江水东去，是不是能再回头，吾人不知。至少在古人心

第五章　诗水意象之时间坐标

目中，东去江水，是永不回头的。江水可以不回头，远行流浪者，却不能没有回头一望。于是江水与人心，便永远拉开了距离。

唐代宗永泰元年（765），一生坎坷飘零的杜甫杜子美（712—770）来到夔州。站在长江岸边，看到汇集涪陵、万县众支流水——通天河、巴塘河、金沙江，还有乌江——争夺瞿塘一门，滚滚东去，真是感慨万千。

江河归海，诚然是正途，但如此急迫，如此夺门而去，实在让人难以接受。看这江水，不思其故、不恋其源，只知向前奔流，满怀疲惫的子美。发出这样感慨：

孤石隐如马，高萝垂饮猿。
归心异波浪，何事即飞翻。

瞿塘峡口滟滪堆，硕大如马，经过时可要小心！猿猴攀着江边高山垂下之藤萝，在江中饮水。听到猿猴哀鸣，所有思归漂泊者，都会落泪。"我"心与这滚滚江水不同，江水波涛只知流向远方，不归故土，而"我"之归心，却不可阻拦！这波涛翻滚江水，这样飞翻不停，莫非是想阻挡漂泊者归路？

年过半百的子美，已经厌倦漂泊，所以才对夺路东去的江水，发出如此质问。其实，质问与否，江水依然；厌倦与否，漂泊依旧。江水不因质问而回头，漂泊不因厌倦而中止。漂泊者的使命，只在走了一程又一程，刚刚停步，又要出发。

暮色苍茫中，南朝陈员外散骑常侍阴铿阴子坚，来到长江岸边新亭：

大江一浩荡，离悲足几重？

站在新亭之上，面对滚滚东去江水，诗人提出如下问题："人生之离愁别恨，该有多少？"

又一次离开国都建康，又一次离开亲朋好友，到异地他乡去，子坚心中很悲伤。子坚质问之江水，就是200多年后子美质问的那一条，子美在上游，而子坚在下游；子坚面对江水提出的问题，也属200多年后子美提出的那一类，子美谈逆水，而子坚说顺水。

子美要逆水，因为江水只知东去，不恋故源；子坚要顺水，只因一江春水，正可代表人间离愁。子坚在江边，自己回答自己：流浪者的怨愁，一如这奔泻而去江水，浩大无边，无休无止！

来到新亭，只是刚刚出发，前方路还很漫长。子坚不得不迈着沉重脚步，继续踏上远行路：

潮落犹如盖，云昏不作峰。
远戍唯闻鼓，寒山但见松。
九十方称半，归途讵有踪。

刚刚出发，便在想着何时可以归家。在如本盖般奔驰而来潮声中，在远处戍楼传来的单调报时鼓角声里，面对寒气笼罩远山青松，诗人问自己：去路如此漫长，"我"之归途在哪里？一百里路程，走完九十里才算一半，如今"我"才刚刚起步，何时才能归家？

归家路很漫长，流浪者在出门当时，就已经知晓。但这路究竟有多长，流浪者并不知道。流浪者只是暗中相信，再长之路，总有尽头，再遥远之期待，总有实现时。带着如此信念，流浪者一步三回头：

京口瓜洲一水间，
钟山只隔数重山。
春风又绿江南岸，
明月何时照我还。

诗人"泊船瓜洲"，离在家钟山只有一水之遥，如此小距离，诗人还在问头上明月，何时才能归家，可见诗人归心是多么急迫！

2. 隔水青山白沙洲渚

同临一江水，同生一种情。刚刚起步，问归途何在，一水之隔，问何时还家，阴铿阴子坚是如此，王安石王介甫（1021—1086）是如此，一切远行的漂游者，都是如此。

归家心愿，是流浪者永恒梦幻，这梦幻，超越时间与空间，时时刻刻装在流浪者心里头：

> 松下茅亭五月凉,
> 汀沙云树晚苍苍。
> 行人无限秋风思,
> 隔水青山似故乡。

误把他乡当故乡,这是"归心似箭"远游者常具心态。唐容管经略使、德宗朝著名诗人戴叔伦戴幼公(732—789),在南方炎热五月天,来到这山头。

时近傍晚,幼公进松下茅亭歇脚。抬眼望去,一湾沙洲,丛丛树木,均被云气所笼罩,浓淡相间,如烟似雾。水那一边,一带青山似曾相识,是不是就是故乡?哦,不可能吧?故乡隔山隔水,远在天边,怎么会在目前?

目前不是故乡,幼公心里很清楚。只因归心太切,才错认他乡山水。见不到故乡想故乡,回不到故乡望故乡:

> 柳花飞入正行舟,
> 卧行菱花信碧流。
> 闻道风光满扬子,
> 天晴共上望乡楼。

登上高处,远望故乡,遥蔚归家之心,这是远游者另一种心态。李益李君虞(748—829)早年仕途不顺,弃官客游各地。这一天,诗人斜卧一舟来到扬子江中。"轻轻柳絮点人衣",片片柳絮,纷纷扬扬,飘落舟中,飘落身上,也飘到诗人心里头。

客游在外,无所作为,这如雪柳絮,映照"我"早生华发,引发"我"万千感慨。壮志未酬,徒染"两鬓雪",时光无情流逝,所剩只是"菱花照鬓感流年"。行舟江上,望着满江流水,心中茫然一片。

"虽信美而非吾土兮,曾何足以少留!"这江是他乡的江,这水是他乡的水。陇西姑藏,"我"家乡在遥远西北那一头。"我"只能上到高高望乡楼,选一晴朗无云日子,向故乡遥望。

客游在外人,久处异地他乡,常常也寻些法子自我安慰。误认他乡山水,毕竟只是黄粱一梦;登高远望故乡,毕竟相距万里之遥。远行流浪者,于是这样安慰自己:

> 暮涛凝雪长淮水,
> 细雨飞梅五月天。
> 行子不须愁夜泊,
> 绿杨多处有人烟。

这是唐建中进士、御史中丞武元衡武伯苍(758—815),在"渡淮"时写就之诗篇。暮色苍茫中,河水一派昏黄。波浪翻腾,激起堆堆水花,形如玉,白如雪。蒙蒙细雨,如星星点点梅花碎瓣,随风飘坠,把周围一切笼罩在轻纱薄雾般迷蒙里。

远行游子，何必为这"夜泊"而忧愁，你看前方，那绿杨深处，不是有人影晃动，有炊烟升起么！对岸杨柳成堆，苍翠如染，盼望归宿与家园之游子的心，也许可以在那里安顿!?

远游者盼归这种种情怀，都是在江边或江上发生，都与这江水有密切关联。似乎正是一江流水，拨动游子对于故园思念；这一江流水，荡起流浪者无尽乡愁，让他们想起漂泊就欲流泪。

苏轼谪居黄州期间，曾与其同游庐山的释道潜释参寥，本是出家之人，面对夕阳秋江水，也免不了升腾起归家梦：

> 赤叶枫林落酒旗，
> 白沙洲渚夕阳微。
> 数声柔橹苍茫外，
> 何处江村人夜归。

渡头边，是一片白沙滩，沙滩尽头，江面上一轮夕阳，与赤枫争红。夜色朦胧里，诗人听到轻柔橹声，从苍茫江水中传来。循声而望，迷蒙一片，不辨踪影。诗人一下子想到回家：也许是江村渔人或农夫，乘夜归来了……

望着江水，没有想到别的，只是想到了"人夜归"，足证这出家人，归家心愿，无时无刻不萦绕于怀。出家人犹此，世俗人何堪！一般人尚且有归家心愿，更何况是穷愁潦倒、坎坷一生的董颖董仲达：

> 万顷沧江万顷秋,
> 镜天飞雪一双鸥。
> 摩挲数尺沙边柳,
> 待汝成荫系钓舟。

仲达何时人也,我们已弄不清,只知他在宋绍兴初年,曾从汪藻、徐俯游。他横溢的才华,不得施展,只得到处漫游。这一天他又来到江边。万顷江水,深暗碧绿,苍茫无限,秋色一片。江面开阔,水平如镜,高朗秋空,倒映水中。

联翅白鸥,翩然飞起。望这水天一色,诗人归心顿起。他深情抚摩江边沙岸尺高嫩柳,怀着热切期待:快快长吧,到那枝干粗壮、绿叶成荫时,我就归隐江上,用你作栓,系我钓舟。

3. 空水共悠悠六月笤溪路

向万顷碧水,托付余生,这需要有很超越的胸怀。这种归隐与现实归家,不可分离,但在某些层面上,显与现实归家,有所区别。归隐者心境平淡如水,而归家者心情却是急迫如风:

> 江花江草故乡情,
> 两岸青山夹镜明。
> 一夜雨丝风片里,
> 轻舟已渡秣陵城。

早年孤贫,为谋生四处奔波的黄景仁黄仲则(1749—1783),乘船沿长江回乡途中,写成此诗。仲则怀才不遇,生活穷困,虽年纪轻轻,已饱经沧桑,回家愿望特别强烈。船行江中,看到两岸花草,便情不自禁地想起故乡花草、故乡亲人。

明镜似的江水,水中透明景物,更勾起诗人拳拳思乡之情。久客在外,归家愿望十分急迫,不管丝丝雨下,不管片片风吹,一夜之间,便让归船渡过秣陵城,故乡已近。离家愈近,归心愈急,竟致有点"归心似箭"。

仲则辞世,刚过而立之年,他急迫归家心,何其真切!

睹江水而思故园,盖因江水浩大而苍茫、绵长而悠远,容易使人想起归心无边、归路漫长。其实归心不仅是无边的,而且是凄婉的;归路不仅是漫长的,而且是曲幽的。表征归心之凄婉与归路之曲幽,溪水是最好背景:

艅艎何泛泛,空水共悠悠。
阴霞生远岫,阳景逐回流。
蝉噪林逾静,鸟鸣山更幽。

这是南朝梁天监年间著名诗人王籍王文海"入若耶溪"时,所见场景,当时诗人正在会稽任职湘东王参军。诗人生性喜爱山水,游云门天柱山,曾兴至而累月不返。此次"入若耶溪",更是乘富丽艅艎,专往幽雅处寻访。

溪水清澈,缓缓而流,小船顺水而行,畅行无阻。远方

第五章 诗水意象之时间坐标

长空与溪水相接,水天浑为一色,辽远而平静。经阳光点染之云霞,从重重山峦、层层叠嶂间滚涌而出。阳光照耀下的云朵,追赶着弯弯曲曲溪水,四处流动。蝉噪增林之静,鸟鸣添山之幽。

看到这悠悠溪水与幽幽溪景,诗人文海顿生归隐之念:

> 此地动归念,长年悲倦游。

诗人久居官场,对于这宦游与漂泊,早已厌倦,此时此地,不是最好归隐之处!

睹溪水而思归隐,文海不是唯一诗人。盛唐时期"张颠"张旭张伯高,也曾有过类似体验:

> 隐隐飞桥隔野烟,
> 石矶西畔问渔船。
> 桃花尽日随流水,
> 洞在清溪河处边。

伯高嗜酒,常于醉后呼号狂走,然后索笔挥毫,而成狂草。故有"张颠"之名。其实"张颠"并不颠,至少在"桃花溪"畔,他十分清醒:看到桃花飘落溪中,随溪水向前流去,不舍昼夜,就问溪边渔夫,这溪水据说是流往桃源洞,陶潜所说那桃源洞,究在何处呢?

诗人羡慕桃花,可以随水流到那"不知有汉,无论魏

167

晋"桃花源；尘世拖累，已经使诗人厌倦人间生活，迫切渴望到那世外桃源去。这世外桃源，是诗人的家，"张颠"对此有十分清醒之意识。他知道这是他唯一家园，他疲惫心灵可以安顿之唯一处所。

在"苕溪"，戴表元戴帅初（1244—1310）也曾这样安慰自己：

> 六月苕溪路，人言似若邪。
> 渔罾挂棕树，酒舫出荷花。
> 碧水千塍共，青山一道斜。
> 人间无限事，不厌是桑麻。

帅初是浙江奉化人，蒋中正同乡。以学问渊博、文章雅洁，著称于世。他是南宋咸淳年间进士，只因兵乱而未能出仕。入元，大德年间，被数次征召，均不愿就职，终身隐居山野。

看到千条田塍环抱这碧绿苕溪水，这个怀才不遇人，这样告诫自己：人世间有许许多多事，最使人留恋的，还是这农事。不慕功名，不求闻达。日出而作，日落而息，让心灵得到最好安歇。

王籍王文海"入若耶溪"而想到归隐，这六月苕溪，"人言似若邪"，不是也可以作为最好归隐之所么！

4. 溪水不平桥南见瀑布水

文海"入若耶溪"，哦，那是八百年前的事了，——帅

第五章　诗水意象之时间坐标

初在这苕溪边，望着悠悠流水，两眼发呆。

八百年前，哦，八百年，一转眼就过去了。李唐之喧哗、赵宋之忧伤，还有那无数悲欢离合，都在这八百年间，化为尘土，灰飞烟灭。

千年人身，存留几何？唯有这悠悠溪水，跨越时间与空间，流向永恒……

在时间那一端，文海泛舟若耶溪上，反思着身边流血与杀戮；在时间这一端，帅初站在苕溪之畔，品味着人世暴力与欺骗。溪水长流，人生长恨。负荷这无量极杀戮与欺骗，人何以堪？！

溪水清明，洗去尘世烦恼；溪水幽婉，抚慰受伤心灵。一湾溪水，恰如小家碧玉，虽没有大家闺秀之名位与风度，却也性情柔和，知冷知热，明晓人世冷暖。

所以来到溪边，疲惫流浪者，无一不做起归家梦：

> 冻树总归鸟，寒烟带晚樵。
> 人家多夹岸，溪水不平桥。
> 春色他乡暖，离情落日遥。
> 雪晴乌桕冷，鸣马暮萧萧。

这是清乾隆进士、吏部郎中张问陶张仲冶（1764—1814）西归返乡，途经"柳沟"时写就之诗篇。仲冶于乾隆四十九年（1784），由川入京，乾隆五十四年返乡，乾隆五十五年举进士。

他返乡途经"柳沟"这一年（1789），在地球另一面，人世罕见的法国大革命，正如火如荼。诗人当然听不到异域枪声与呐喊，在这山沟里，诗人看到的是夹岸而居两岸人家，是不深不浅、水面低于桥道半河溪水，诗人想到的，是他乡已春暖花开、春色满园，故乡不知春色如何。

西去落日，返林众鸟，晚归樵夫，还有这"柳泊"微寒溪水，以及薄暮时分萧萧马鸣，应和起来，催醒诗人归乡梦：这漂泊天涯、风尘仆仆游子啊，回家吧！该回家了，回家吧！

可是家在哪里，路在何方？"我"打点行装往回走，"我"这第一步，该迈向谁边？"我"颠沛流离、远走他乡，"我"找不到养"我"故土；"我"穷愁潦倒、漂泊一生，"我"找不到心灵家园。"我"上上下下，无根无柢；"我"左左右右，孤独无依。

"我"恰如这高飞鹤，无家可归：

　　　　白鹤高飞不逐群，
　　　　嵇康琴酒鲍昭文。
　　　　此身未有栖归处，
　　　　天下人间一片云。

坎坷飘零、寂寞孤独的晚唐诗人李群玉李文山（约813—860）这《言怀》诗描绘之情景，恰好给我们点明我们"无家可归"之真谛。

中华文人，不论遭遇多少困苦，不论经受多少挫折，总

第五章　诗水意象之时间坐标

是归心不改,总是相信,在他前方,有一片可以栖身故土。永远朝家走,距离家乡,永远有千里万里之遥,可中华文人,就是痴心不改。曾有几人,能像文山那样,向我们指明,我们不是有家不归,或者有家不能归,我们实在是"无家可归"。

除了江水、河水与溪水,瀑水与泉水也能成为思归之重要背景。

李白李太白"望庐山瀑布",感觉清凉泉水,即使不是仙家琼浆玉液,至少也可以洗涤尘颜。认为名山瀑水,正合自己性情,深愿就此辞别人间,长留此地。其诗云:

>西登香炉峰,南见瀑布水。
>挂流三百丈,喷壑数十里。
>欻如飞电来,隐若向虹起。
>初惊河汉落,半洒云天里。
>仰观势转雄,壮哉造化功。
>海风吹不断,江月照还空。
>空中乱潈射,左右洗青壁。
>飞珠散轻霞,流沫沸穹石。
>而我游名山,对之心益闲。
>无论漱琼液,还得洗尘颜。
>且谐宿所好,永愿辞人间。

唐贞元进士、刑部尚书白居易白乐天(772—846),睹泉水而思归隐,甚为有趣,其《白云泉》诗云:

> 天平山上白云泉,
> 云自无心水自闲。
> 何必奔冲山下去,
> 更添波浪向人间。

乐天因得罪权贵被贬,宝历初任苏州刺史,游于苏州天平山白云泉,写成该诗。

更有唐龙纪元年(889)进士、中书舍人吴融吴子华,由听泉而生思乡之情,甚为幽婉,其诗云:

> 穿云络石细湔湔,杳杳疑闻弄管弦。
> 千仞洒来寒碎玉,一泓深处碧涵天。
> 烟迷叶乱寻难见,月好风清听不眠。
> 春雨正多归未得,只因流恨更潺潺。

月好风清夜晚,山泉水声让人难以入眠。正值春雨多时,不得归去,这潺潺泉水声里,似乎充满离愁别恨。

三、兰溪三日桃花雨

"居家人"与"归家人"之区别,在于"归家人"拥有了漂泊流浪这一段经历,而"居家人"却没有。

"居家人"虽也有家,但这家对他而言,是昏晦不明的;"归家人"从异地他乡回到家园,表面上不再和"居家人"

有什么两样，实际上他们内心感受，已经发生根本变化。"归家人"心境，不再昏晦不明。他们的心，是恬淡透明的，一如这碧绿溪水，清澈见底。神宗所谓彻悟，大抵不过如此。

1. 鸟声乱溪水寒溪见纤鳞

有所牵挂，心境不可能透明。透明心境，是无所牵挂的。裴迪（716—?）《木兰柴》诗有云：

苍苍落日时，鸟声乱溪水。
缘溪路转深，幽兴何时已。

裴迪隐居终南山，常与王维王摩诘（?—761）"浮舟往来，弹琴赋诗，啸咏终日"。溪水潺潺，鸟儿争鸣，美好景致让诗人流连忘返。

天色已晚，浓重暮色笼罩一切，前面景致已模糊不清。但诗人却不愿就此止步，若不是天色转暗，再往前走，说不定还会有更幽静、更秀美去处呢！溪水长，吾人游兴更长，一颗无牵挂心，显露净尽。

以不系之舟，表现心灵无牵系，真是妙不可言：

钓罢归来不系船，
江村月落正堪眠。
纵然一夜风吹去，
只在芦花浅水边。

这家境贫寒、性格耿直的司空曙司文明（约720—790），真是写水老手。月落天暗，江村寂静，在摇篮一般舟中躺下，信水漂流，多么惬意！即使夜里有水，船随水去，最多也不过漂到那平静水湾，漂进那安详芦苇丛。

即使漂得很远，又有什么关系？漂到大海，漂到天边，还不都是一样？在这清露下、月光中，平和如镜灵魂，你就安详睡去吧！水，浸泡这无牵系的心，一无挂碍。

透明心境，又是一尘不染的，像雨后晴空，水洗一般，清明澄澈。以清词丽句著称的唐大历诗人戴叔伦戴幼公（732—789），到兰溪边看水，就是带着这样心境：

> 凉月如眉挂柳湾，
> 越中山色镜中看。
> 兰溪三日桃花雨，
> 半夜鲤鱼来上滩。

在诗人眼前，有凉月，有柳湾，有兰溪，有桃花，还有细雨，有鲤鱼，有浅滩，似乎一切都有了。可诗人心里，却是空白一片。

眼前一切，只在眼前，它们离诗人心，还很遥远。诗人心，可以鉴照这一切，但这一切，却不在它中间。犹如一面镜子，周围一切，可以进到镜子内心里来，但同时镜子却依然一无所有。

第五章　诗水意象之时间坐标

唐宪宗元和元年（806）冬天，风烛残年、老病侵寻的孟郊孟东野（751—814），来到居地这溪水边。久不出门，乍见溪水，心情不禁为之一爽：

霜洗水色尽，寒溪见纤鳞。
潜滑不自隐，露底莹更新。
始明浅俗心，夜结朝已津。
净漱一掬碧，远消千虑尘。

诗人被这溪水澄澈惊呆：溪水被严霜浸洗，澄明透彻。倒映着白茫茫天色，下无底止，空虚旷漠。它不隐藏潜存水底任何杂物，什么都让人看得清清楚楚，显得晶莹纯净。昨夜才结一层薄冰，今晨又已有船开渡了。捧起一掬澄碧洁净溪水，漱上一漱，尘土般蒙在心上种种忧虑，一下子被冲洗得干干净净。

苏轼评论孟郊、贾岛诗是"郊寒岛瘦"。的确，东野有其哀怨，贫病交加，仕途坎坷，尝够了贫贱被弃辛酸，如今更是年近花甲、羸弱憔悴。但一见到这溪水，东野眼前豁然一亮，所有辛酸与怨愁，顷刻间，仿佛烟消云散，随水漂流，无影无踪。澄明溪水，铸就了澄明心境，东野站在这"寒溪"边，身心如洗。

2. 满江风浪雨过长滩玩舟清景

一个诗人有这样心境，已经很不容易。让一个惯于辨名析理哲学家，有这样心境，更是难上加难。很多哲人，做不到这一点。

但南宋理学家朱熹朱晦庵（1130—1200），却很有些例外。他也曾写过这样透明的诗：

> 昨夜扁舟雨一蓑，
> 满江风浪夜如何。
> 今朝试卷孤篷看，
> 依旧青山绿水多。

水，能洗涤心头尘垢，让人心境爽朗清明，这原理，对于中华文人，看来是共通的。不管是溪水、江水，还是河水，也不管是诗人、哲人，还是官人。才高命短的黄景仁黄仲则，在一个夏季雨后天，看到这样情景：

> 弥空水气自魂魂，
> 雨过长淮已到门。
> 七十二川流合处，
> 一条清颍不曾浑。

诗人看到了什么呢？除了水，什么也没有看到。眼前只有水：大雨落过之后，四面八方大河、小溪都涨满了水，无数江水溪水在地上哗哗流淌，然后汇合到淮河最大支流——颍河。颍河水更大、更急了，然而它仍然是清澈的。颍河之水，并未因为大量汇入江水与溪水，而变得浑浊……

诗人全身心，都已浸沉到水中去，柔婉而平和。透明心没有拖累，没有拖累心，是空灵的。

京兆长安人、苏州刺史韦应物（737—792），在一个雨后初晴日子，摆脱繁忙公务，独自一人，到郊溪泛舟：

> 野水烟鹤唳，楚天云雨空。
> 玩舟清景晚，垂钓绿蒲中。
> 落花飘旅衣，归流淡清风。
> 绿源不可及，远树但青葱。

暂时抽身出来，远离尘嚣，好不轻松。绿野之上，一湾清流，托浮着淡淡烟雾，偶尔传来鹤唳声，打破这似乎是永恒寂静。云收雨霁，晴空无垠，野水悠悠，轻烟淡淡。尽兴游玩，神清气爽，不觉时辰已晚。停舟水深波平处，垂钓绿蒲围绕中，尘世混浊，俗务纷扰，一并化为乌有。

行舟触动低垂花枝，花朵纷落，飘洒游人衣衫。小舟驶向归途，微风漾起轻轻水波，挟带溪水润湿，撩拂游人面庞。回望渐远溪景，溪水淌成绿色世界。尽管已经离得很远，目光所及，依然远树青葱，绿意无尽。

这真是一趟"洗心革面"之旅。从沉重俗务中断然抽身，到一个我们已经陌生时空中去，多么惬意！我们生存在这世界里，要活下来，诚然有很重拖累，但我们万万不可忘记，在我们身外，还有比拖累更神圣、更庄严的东西。

我们诚然不全是为这东西而活，但我们也绝不是为着拖累才活的。拖累增加了我们生命沉重与人生分量，但也永远拖走了我们生命轻松与人生欢颜。我们摆不脱这俗务缠绕，总可以偷得闲暇，到那轻松与欢颜世界中去。

3. 不知溪水长水底见青山

水是这世界之托底，水荡起深藏的童趣与顽劣。这没有拖累人生，给我们带来空灵心境，真是妙不可言：

一夜山中雨，林端风怒号。
不知溪水长，只觉钓船高。

这首名曰《山雨》小诗，你道是由谁人写成？不是什么名家，只是一凡人，只是我们现在已不知其出生年月，只知其祖居偰辇河的名叫偰逊的人。此人心境之空灵，难以言表。溪水成就了他，把一个推开拖累、偷暇撒野的他，高高托起，超越俗务与尘世，如入仙境。

以闲适之心临水，便可达于"玩水"境界。"玩水"是不易的，有闲暇者未必会玩水，能玩水者未必有闲暇。既有闲适之心，又能临水者，并不多见。

以水为背景，来表现闲适心境，很有韵味：

东风朝日破轻岚，
仙棹初移酒未酣。

第五章　诗水意象之时间坐标

> 玉笛闲吹折杨柳，
> 　春风无事傍鱼潭。

清晨的后溪，淡淡雾气轻轻飘荡水面，一切静谧而柔美。一叶小舟缓缓划来，舟主人、唐贞元进士羊士谔，酒意朦胧，沉浸在这梦幻一般世界里。太阳悄然升起，春风微微拂过，团团雾气慢慢飘上天空，消逝在晨曦里。

远处，缕缕玉笛之声，打破后溪宁静，那是如怨如慕的《折杨柳》。春风仿佛也被溪景所迷，停下脚步，依傍鱼潭，留下片片涟漪……

同样在"舟上"，同样逐溪水，徐照徐道晖（？—121）同样是闲适一片：

> 小船停桨逐潮还，
> 四五人家住一湾。
> 贪看晓光侵月色，
> 不知云气失前山。

道晖家穷心不穷，人病心不病，"贪看"白昼怎样降临、夜色怎样消失，竟不知不觉中错过饱览前山云雾机会，好不遗憾！

同属"永嘉四灵"的布衣诗人翁卷翁续古，望到的是透明"野水"：

179

>　　一天秋色冷晴湾，
>　　无数峰峦远近间。
>　　闲上山来看野水，
>　　忽于水底见青山。

闲来无事，专程前去拜望遍地野水，不料看到的，却是映于水底的青山。

用池水来表现闲适的文字，也有不少。唐大和进士、中书舍人杜牧杜樊川（803—852）《齐安郡后池绝句》云：

>　　菱透浮萍绿锦池，
>　　夏莺千啭弄蔷薇。
>　　尽日无人看微雨，
>　　鸳鸯相对浴红衣。

樊川出任黄州刺史，得闲时到郡治后池观水。空蒙微雨膏沐后池，碧琉璃似水面上，相依相伴鸳鸯正趁着雨泽，梳洗自己斑斓羽毛，静谧、清幽而闲适。真乃"又得浮生半日闲"。

樊川的池水太过幽静，于是200年后，刘攽刘贡父（1023—1089）的池水便有了响声：

>　　一雨池塘水面平，
>　　淡磨明镜照檐楹。

> 东风忽起垂杨舞,
> 更作荷心万点声。

贡父乃宋庆历进士,为州县官,凡二十载,此池当在某一州县。

又过了 100 年,到了南宋绍兴进士杨万里杨诚斋(1127—1206)那里,池水更变得鲜活跳脱起来:

> 泉眼无声惜细流,
> 树荫照水爱晴柔。
> 小荷才露尖尖角,
> 早有蜻蜓立上头。

这"小池",真是活泼生动,清新幽静。闲来临池,似能闻到一脉馨香,感到一阵清凉,顿觉神清气爽,烦恼尽释。

4. 晚泊孤舟争随流水春雨断桥

以河水而写闲适,北宋初与梅尧臣齐名的著名诗人、客寓苏州、自号"沧浪翁"的苏舜钦苏子美(1008—1048),别有一番新意:

> 春阴垂野草青青,
> 时有幽花一树明。
> 晚泊孤舟古祠下,

满川风雨看潮生。

此诗约写于宋仁宗庆历三年（1043），此时诗人正遭御史中丞诬陷，被弹劾除名，客游淮楚。

要达成透明心境，恬淡也是一重要方面。

唐昭宗龙纪元年（889）进士、礼部郎中吴融吴子华，在一个春日黄昏，来到"溪边"漫步。脚步声打破周围宁静，受惊鸟儿扇动着翅膀飞起来，在空中喧啾啼唪，空气中即刻弥漫起沁人心脾花的芳香。一只白鹭在石矶上凝然不动，翘首而立，宛如雕塑一般，雪白羽毛，沐浴在夕阳柔和余晖里，闲远而高雅。此情此景，拨动诗人诗情：

溪边花满枝，百鸟带香飞。
下有一白鹭，日斜翘石矶。

一切娴静而恬淡，诗人心境，被这溪水溪景所感染，也是恬淡而闲静。

以溪水来象征恬淡心境，晁冲之晁叔用有很深功底，其《春日》诗云：

阴阴溪曲绿交加，
小雨翻萍上浅沙。
鹅鸭不知春去尽，
争随流水趁桃花。

第五章　诗水意象之时间坐标

一切都被水打湿，浸泡，泡得软软乎乎，泡得无嗅无味。泠泠溪水，清澈中透着深绿。一阵淅淅春雨，竟把河面上浮萍，掀翻浅沙岸边。经过漫长冬日禁闭的鹅鸭，得到解放，追逐着漂旋水上片片桃花，左冲右突，尽情嬉戏。

南宋建安主簿"永嘉四灵"之一的徐玑徐文渊（1162—1214），也曾撰诗写溪，恬静而平淡：

云麓烟峦知几层，
一湾溪转一湾清。
行人只在清湾里，
尽日松声夹水声。

这是写湾、写溪、写水，也是写诗人之心！

"东湖居士"徐俯徐师川（1075—1140），乃是自湖水而入恬淡：

双飞燕子几时回，
夹岸桃花蘸水开。
春雨断桥人不度，
一舟撑出柳荫来。

桃花贴水吐艳，映带出水灵灵花枝娇客，如出浴少女般羞羞答答，妩媚动人。柳枝拂动，绿杨荫里撑出一叶小舟，茫茫湖水，托着它飘然前移……

　　水之最大功用，是可以洗去尘世俗务对于心灵之污染，让人心境保持一种清明透彻状态。我们是凡人，不可能超出尘世，免除俗务，我们心灵，免不了要受这人世戕害。这是没有办法的事。

　　我们所能做的，是时时到那水中去，用洁净清水，洗涤我们身心，不至于任其在尘垢中坏死。我们要有勇气从俗务中断然抽身，超越人世功利，回到自然，回到森林，回到水边。

　　水，拯救我们灵魂，让我们也能偷得闲暇，到那无牵无挂、一尘不染，空灵、闲适而又恬淡幸福里去。这是人生永恒之幸福！

第六章　诗水意象之自身坐标

临水而想到友情，是常有的事；临水而想到女人与爱情，更是司空见惯。常说水柔中有刚，无坚不摧。但在这里，水纯然是柔的。

一、淮阴春尽水茫茫

取江水之悠长，象征友情之持久；取溪水之曲折，象征友情之跌宕；取潭水之深碧，象征友情之厚笃，均是文人常用手法。水，以其柔弱故，似乎能表达人类一切情感。

江、河、湖、海，曾经是人们主要交通道路。一叶扁舟，常常伴人漂泊四方。刚上岸，又下岸，刚弃船，又登船，远方游子心，常常跟水不能分离。

1. 故人离恨相送

朋友要走，送行人常常站在岸边，看朋友登船，看朋友摇桨，看朋友渐渐远去，慢慢消失在水天相接那一端。

许多感人肺腑诗篇，在朋友消失时，便在送行人心中生成：

> 故人西辞黄鹤楼，
> 烟花三月下扬州。
> 孤帆远影碧空尽，
> 唯见长江天际流。

这是"青莲居士"李白李太白（701—762）送走挚友孟浩然后写成的诗篇。在长江岸边，太白将故人送上一叶小舟，小舟扬帆启程，渐渐远去。在辽远迷蒙中，小舟影子越来越小，越来越模糊，最后终于隐入碧空之中，消逝在奔腾浩荡、一望无际长江水上。

告别地是在黄鹤楼，要去处是扬州，经过之道路是长江，远行时间是"烟花三月"，这一切都跟水有密切关联。好像一切都是湿漉漉的，烟雨朦胧中，太白和挚友并肩而行，登上黄鹤楼，远望江水，谈论过去与现在一切人事兴衰。

登舟时间到了，太白不得不和挚友雨中告别，送故人到流翠飘红、繁花富遮另一都市。这都市在水那头，这水牵着太白和故人心，打湿太白对于故人深情厚谊。

用江水悠长表达永恒情谊，此主题经常地出现在中华文人作品中，构成中华水文化另一重要层面。且看宋宁宗庆元进士杨炎正杨济翁（1145—?）《蝶恋花》词：

> 离恨做成春夜雨。

第六章　诗水意象之自身坐标

> 添得春江，划地东流去。
> 弱柳系船都不住。
> 为君愁绝听鸣橹。

　　此词是为"别范南伯"而作。在离别前夜，作者和挚友对坐床头，一边听窗外雨声，一边叙过去友情。有说不完的话，也有落不完的雨。话越说越多，雨越下越大。这不断积聚的雨水，就要流到江里去，春江水涨，故友明天就要趁这水涨，解缆而去。

　　挚友就要随这东流江水，乘船离去，江岸上柔弱柳枝，系不住将行扁舟，"我"只好听着声声橹鸣，渐渐远去，远去，直到消失得无影无踪。

　　朋友行舟消失在江面。作者站立岸边，久久不愿离去。他自言自语，又好像是在对朋友说：

> 君到南徐芳草渡，
> 想得寻春，依旧当年路。

　　你到南徐，要想找点乐趣，就到芳草渡去，到当年我们一起游乐之地，重温我们往日梦。"马嘶芳草渡，门掩百花塘"，我们青年时代放浪不羁那地方，群妓聚居那地方，如今还没有什么变化吧？君路过那里，一定要去看看，重回当日温柔乡。

> 后夜独怜回首处。
> 乱山遮隔无重数。

　　行舟转过丛山,丛山遮断视线,从今以后,再也望不见好友身影。重重无情高山,磨灭了朋友身影,以及他那不忍离别频频回首情景。那回首之处,也将是自己日后孤独回忆今日离别伤情之地。

　　姚鼐姚梦谷(1731—1815)是桐城派主要散文作家,曾受业于刘大櫆,历主江宁、扬州等地书院凡四十年。其诗清雅高迈,把水上友情表达得淋漓尽致:

> 吴钩结客佩秋霜,
> 临别燕郊各尽觞。
> 草色独随孤樟远,
> 淮阴春尽水茫茫。

　　他朋友是一个具有远大志向之游侠式人物。唐李贺《南园》诗云:"男儿何不带吴钩,收取关山五十州"。其友既身佩秋霜般锋利雪亮吴钩,表明其抱负不凡。

　　这一天,诗人和好友在淮阴郊外,举杯道别,狂饮尽欢,"欲行不行各尽觞"。从早晨一直喝到傍晚,实在是不能再挽留了,只得让好友登上孤舟,随水而去。在这暮春傍晚,独自一人,摇一叶孤舟,行进在微凉江水中。未来如何,前途怎样,有谁能知道?

第六章　诗水意象之自身坐标

梦谷就这样伫立岸边，为朋友送行，也为朋友祈祷。蒙蒙夜色里，"茫茫"淮水上，朋友"孤棹"不见了，留下只有空旷、孤寂与黑暗。"惟有相思似春色，江南江北送君归"，现在虽然春色已晚，春光欲尽，但"我"对君情谊却永远不变。"我"会永远望着茫茫淮水那一头，君从那里消失，也盼着君从那里回来。我望着淮水那一头，等着君归来。

表达对朋友情谊，除了可取江水之悠长外，还可取江水之急骤，来说明友人离去之快捷。

碰到一个没有多少情分人，会盼着对方快快离去。但和好友在一起，却盼着他尽可能长久留下来，情谊愈笃，愈觉得相聚时间太短暂。看江水把友人送去，便怨恨江水，为什么流得那样急：

> 洛城春雨霁，相送下江乡。
> 树绿天津道，山明伊水阳。
> 孤舟从此去，客思一何长。

分手前，诗人替故友忙这忙那，安排旅程，竟忘了分手之"黯然销魂"。直到友人孤舟消失在远方，诗人才突然觉得惆怅无边。

天津道春色晴和，喜友人得天时之利，伊水春雨新涨，喜友人有航行之便。而现在，这一切都好像变成坏事，让朋友这么快离去，倒不如没有晴和、没有春雨。天气坏一点，朋友也许会多留一段时间；河水浅一点，朋友行舟也许不会走得那么急。

> 直望清波里，唯余落日光。

诗人伫立江边，遥望远波，河面空空荡荡，只剩残阳一片。从"山明"到"落日"，诗人就这么伫立江边。故人孤舟早已消失，诗人依然伫立江边。残阳裹着诗人，跌进无限相思里。

2. 人已远故人家分头处

江流急骤，使朋友的孤舟行进得如此之快，以致送行者还没有反应过来，便消失得无影无踪。仕宦不得意，死于贬所岭南的唐代诗人储光羲（707—760）咏唱的这个主题，在中华文人作品中，是经常出现的：

> 劳歌一曲解行舟，
> 红叶青山水急流。
> 日暮酒醒人已远，
> 满天风雨下西楼。

唐大和六年（832）进士许浑许用晦这首题曰《谢亭送别》诗，甚至已将水流之"急"明白写出。谢亭在安徽宣城北二里，是六朝短命诗人谢朓谢玄晖（464—499）送范云范彦龙（451—503）去零陵地方。用晦在这里送朋友远行，不

第六章　诗水意象之自身坐标

会不想起三百多年前这一段往事。

这一天诗人和故友喝了很多酒，一直喝到日暮黄昏，送别时彼此都有几分醉意。故友醉得不重，在船工号歌中，登船走了。待诗人醒来，故友行舟已飘得很远。故人远去，渐渐地看不到他身影，只有满天风雨，洒落西楼之上，吹醒"我"之醉意，也吹乱友人离去后之怅惘。

诗人"醉"，正衬托出水流"急"。诗人醉酒，意在消解离愁，好让相聚时间相对地延长。可这一醉，不仅没有达到此目的，反而使友人离去时间相对提前，至少诗人感觉是如此。诗人日暮酒醒，故友已经消失在江水那一端，诗人又怎么会不怪罪水流之"急"呢？连一句道别话，也没有来得及说，这个苦学多病人，又怎么会不感觉水流之"急"呢？

年年岁岁，水是这样流，岁岁年年，水还是这样流。急与不急，不取决于水，而是取决于人。感觉水流急者，是不想让友人离去太快；感觉水流不急者，是想让身边人快快离去。

恐怕没有哪一首诗，能像唐开元进士常建那首《三日寻李九庄》，将"水之曲"表现得那么美：

> 雨歇杨林东渡头，
> 永和三日荡轻舟。
> 故人家在桃花岸，
> 直到门前溪水流。

中华水文化

诗人没有到过故人家，只听故人说过，其家有一片桃林，桃林前有一湾清溪。桃花盛开时节，花瓣飘落水中，可以随溪水流出庄外。于是在三月三日这天早晨，诗人荡一叶轻舟去寻找故人家。春雨新霁，天宇如洗，东边渡头杨树碧绿如玉，娇翠欲滴。荡舟之人神清气爽、万虑澄净，心境清澈如水。

武陵渔人缘溪而达桃花源，诗人仿效之，也想荡舟而到桃花庄，可见诗人把故人家园想象得多么美好。桃花流水包裹着的李九庄，是故人家，也是诗人要寻找的"桃花源"。一个"寻"字，把诗人对故人情谊，对故人家园向往，表达得深邃而悠远。

溪水曲折，诗人对故人情谊，也是九曲回肠。不知道故人具体地址，就急匆匆独自一人去找"寻"故人家，可见诗人是多么急切想和故人会面，与故人攀谈，同故人喝酒⋯⋯

表达对朋友之友情，取"水之曲"可以达到很好效果，取"水之短"也很是不错。比较起来，江水浩平而溪水曲折，江水悠长而溪水短幽。以悠长之江水表达友情是一种情怀，以短幽之溪水表达友情，则是另一种情怀，另有一番滋味。

且看唐花间派诗人温庭筠温飞卿（约812—866）《过分水岭》诗：

> 溪水无情似有情，
> 入山三日得同行。
> 岭头便是分头处，
> 惜别潺潺一夜声。

飞卿是一恃才傲物、坎坷终身人，对友情看得特别重。这首诗明说"溪水"，实际表达的，是诗人对于故友深情厚谊。至少我们可以这样去理解。

"溪水"是如此多情，一连几日都和诗人形影不离，结伴"同行"。旅途无伴，寂寞难当，深山野径，艰苦备尝，幸亏一路有"溪水"相伴，才使得寂寞心灵稍得慰藉。漫漫长路，除了"溪水"，还有谁愿陪诗人远行；寂寞长夜，除了"溪水"，还有谁愿与诗人共度。有忠诚"溪水"，诗人幸福而安详。

3. 李白乘舟好渡江湖

只可惜"溪水"太短，马上就要走到尽头。为了这痛苦告别，"溪水"潺潺作响，直到天明。诗人行程还很遥远，而"溪水"却要就此留下，消失在原野中。

下一段旅程，谁来相伴？"溪水"不愿别离，可"溪水"短而不及；诗人不想别离，可诗人无力让"溪水"长流不绝。离别非自愿，但再痛苦的离别，我们也得担当。远行者不能停下脚步，"溪水"无力自长其流，我们各自都应担当起命运摊派这一份。

江水以长为主征，溪水以曲为主征，而潭水则以其深为要义，象征友情厚笃无边。以潭水之深喻示友情之厚笃，以李白李太白《赠汪伦》诗最为著名：

中华水文化

> 李白乘舟将欲行,
> 忽闻岸上踏歌声。
> 桃花潭水深千尺,
> 不及汪伦送我情。

那一次,是太白送孟浩然之广陵,这一次,轮到汪伦来送太白了。

唐玄宗天宝十四年(755),太白漂泊到安徽泾县桃花潭。游潭之后,太白在汪伦家盘桓多日,汪伦及附近村民常以美酒款待。应酬完毕,太白未及特意向汪伦告别,便解舟启航。没想到汪伦知道了其归期,带了一大帮村民,手拉手,唱着歌,踩着步点,踏着节奏,来给太白送行。

这突然降临场景,让太白感激不已。自己仕途坎坷,年过半百还在四处流浪,这纯厚友情,对于自己,是多么可贵。"桃花潭水深千尺,不及汪伦送我情",不管"我"走到哪里,漂向何方,都会永远记住这人世间无比深厚情谊,永远带这一份情谊,去面对将要遭遇一切苦难。漂泊并不可怕、流浪并不可怕,可怕的是没有这人世温暖、没有这苦难生命中唯一依托。

潭水再深,不及友情深,这是潭水所能表现的最高主题。

由回忆水上生活,而哀怨友情失去,是中华水文化又一重要方面。

> 忆昔西池池上饮,

第六章　诗水意象之自身坐标

> 年年多少欢娱。
> 别来不寄一行书。
> 寻常相见了，犹道不如初。

这是宋代词人晁冲之晁用叔《临江仙》词之上阕，所哀怨的，是欢娱失去与友情淡漠。"池"字重叠，意在强调过去欢娱，不是在池边，也不是在池畔，而是在波光潋滟池水之上。一池碧水，年年托我们狂饮高歌，那时我们志趣多么融洽，我们性格多么相投，我们彼此情谊又多么深厚。而现在，一别便是书信杳无，好像当年相聚、偌多欢娱，从来就没有发生。即使再见重逢了，也是平平淡淡、寻寻常常，再也激不起当年那种欢乐情绪。世态炎凉，人何以堪？

> 安稳锦屏今夜梦，
> 月明好渡江湖。
> 相思休问定何如。
> 情知春去后，管得落花无。

别人忘却了的一切，在"我"记忆里，为什么还是鲜明如初？今夜在这锦屏帐中，"我"梦里还向着昔日欢娱西池飞腾，皎洁明月朗照大地，正好让"我"渡过江湖。

池还是往日池，水还是往日水，而这相思呢，为什么如今变得面目全非？相思是什么？莫非只有情侣间相思才算相思？莫非这种"剪不断、理还乱"对于昔日情谊的追忆，就不是相思？哦，让它去呢！不要再问了，没有必要再问了！

"我"知道春天逝去后，缤纷落花便会无人去管。"我"想把零落花瓣收集起来，缀织成花冠艳丽娇红，但"我"知道这只不过是一梦幻……

春天过去了，不要再留恋谢落之花；时光逝去了，不要再固持往日之情。我们曾经拥有幸福，这就已经足够。现在如何，未来怎样，我们哪能管得着？

二、长安水边多丽人

临水而想到女人，似乎是再自然不过的。唐代诗人杜甫杜牧之（803—852）便是如此，他有诗云：

> 京江水清滑，生女自如脂。

江即是指长江，京江即是镇江所在地。意思是镇江美女，乃是清澈柔滑之长江水养成的。美水出美女。是很有些道理的。俗语所谓一方山水养一方人，说的也是这个道理。

> 三月三日天气新，
> 长安水边多丽人。
> 态浓意远淑且真，
> 肌理细腻骨肉匀。

第六章　诗水意象之自身坐标

这是唐代"诗圣"杜甫杜子美（712—770）《丽人行》诗中两句，写的也是水与女人之关系。就空间上说，这些女人是在长安水边；就体质上，这些女人肌肤细腻柔滑、骨肉光洁匀称，又恰似默默流淌、任她们戏弄的长安之水。杜子美站在不远处眺望，怕是有些呆了。

1. 温泉水滑洗凝脂

据说杨贵妃玉环（718—756）就是此等美水养育之美人。唐代诗人白居易白乐天（772—846）在其著名《长恨歌》中，对她作了极铺张描绘：

> 杨家有女初长成，
> 养在深闺人未识。
> 天生丽质难自弃，
> 一朝选在君王侧。
> 回眸一笑百媚生，
> 六宫粉黛无颜色。

据说贵妃生得全身丰腴，肤如凝脂；脸如芙蓉，唇似樱桃；善歌舞，通韵律。唐开元二十八年（740）十月，玄宗召寿王瑁妃杨玉环进温泉宫伺候，于是白乐天便写到水：

> 春寒赐浴华清池，温泉水滑洗凝脂。
> 侍儿扶起娇无力，始是新承恩泽时。

> 云鬓花颜金步摇，芙蓉帐暖度春宵。
> 春宵苦短日高起，从此君王不早朝。
> 承欢侍宴无闲暇，春从春游夜专夜。
> 后宫佳丽三千人，三千宠爱在一身。

华清池可是个了不得之地，相传周、秦、汉诸代君王，均在此建筑宫殿。经唐代大规模修建，这里红楼绿阁，宫殿环山；温泉如烟似雾，九龙吐水潺潺；骊山似锦若秀，环境幽雅洁净。这里水，似乎是在为贵妃这样身而设，换言之，似乎只有贵妃这样身，才配得上这里水。水身交融，才有粉黛无颜色，才有玄宗不早朝。

水是曲线柔和的，女人身也是曲线柔和的；水波是摇曳多姿的，女人步履也是摇曳多姿的；水是洁净透明的，女人身亦是洁白无瑕的；水是曲波横生，女人亦是风情万千；水或涓或奔，或动或止，无有定性，女人亦是或羞或娇，或笑或骂，了无定准；水尚柔而养育万物，女人亦是尚阴而育养后人。

2. 女儿是水做的骨肉

总之女人和水，似有脱不开干系。难怪曹雪芹要借贾宝玉之口这样称颂女人：

> "女儿是水做的骨肉，
> 男人是泥做的骨肉；

第六章　诗水意象之自身坐标

> 我见了女儿便清爽,
> 见了男子便觉浊臭逼人。"

《红楼梦》对林妹妹之描写,也是极尽一"柔"字:"两湾似蹙非蹙笼烟眉,一双似喜非喜含情目;态生两靥之愁,娇袭一身之病,泪光点点,娇喘微微;娴静似娇花照水,行动如弱柳扶风;心较比干多一窍。病如西子胜三分……"贾宝玉更是直接把林妹妹比作水,表达自己非林妹妹不娶之决心:"任凭弱水三千,我只取一瓢饮。"林妹妹答曰:"瓢之漂水,奈何?"宝玉又曰:"非瓢漂水,水自流,瓢自漂耳。"

水与女人之关联,还表现在泪水方面。女人似乎特别容易落泪,而与男人形成鲜明对比。中国人家喻户晓、外国人也不陌生的林妹妹,就是一最喜欢、也最善于落泪女人:

> 一个是阆苑仙葩,一个是美玉无瑕。
> 若说没奇缘。今生偏又遇着他;
> 若说有奇缘,如何心事终虚化。
> 一个枉自嗟呀,一个空劳牵挂。
> 一个是水中月,一个是镜中花。
> 想眼中能有多少泪珠儿,
> 怎经得秋流到冬,春流到夏。

这是宝玉梦游"太虚幻境"时,所听到之歌。这歌词所写,虽然没有指明是谁,但细心读者无疑能猜到,这里所写

199

其实就是宝、黛，这歌词预言的，其实就是整部《红楼梦》之结局。

歌词中那个流泪人，就是林妹妹；她可真是泪人儿，竟能从秋流到冬，从春流到夏。林妹妹所做诗文，亦是用泪水泡成。她自己流泪，也引得宝玉落泪。即使是置身局外之读者，也常常禁不住掬一把同情泪：

若将人泪比桃花，
泪自长流花自媚。
泪眼观花泪易干，
泪干春尽花憔悴。
憔悴花遮憔悴人，
花飞人倦易黄昏。
一声杜宇春归尽，
寂寞帘栊空月痕。

这是黛玉《桃花行》诗所做之描写，在这诗里，泪与桃花水乳交融，泪眼观花，竟分不出哪是泪，哪是花，泪中有花，花中有泪，泪即是花，花即是泪，泪不是花，花不是泪。在整部《红楼梦》里，林妹妹始终是个泪人，在她眼里，这世界无疑是泪水泡着之世界。

虽说"男儿有泪不轻弹"，但为了女人，男人落泪也是常有事。宝玉即是典型一例。他写《芙蓉女儿诔》，祭悼斥逐羞愤而死之晴雯，真是做到了"洒泪泣血，一字一咽，一

第六章 诗水意象之自身坐标

句一啼":

> 尔乃西风古寺,淹滞青燐,
> 落日荒丘,零星白骨。
> 楸榆飒飒,蓬艾萧萧。
> 隔雾圹以啼猿,绕烟塍而泣鬼。
> 自为红绡帐里,公子情深;
> 始信黄土垄中,女儿命薄!
> 汝南泪血,斑斑洒向西风;
> 梓泽余衷,默默诉凭冷月。
> ……离合兮烟云,空蒙兮雾雨。
> 尘霾敛兮星高,溪山丽兮月午。
> 何心意之忡忡,若寤寐之栩栩。
> 余乃欷歔怅望,泣涕彷徨。
> 人语兮寂历,天籁兮篔簹。
> 鸟惊散而飞,鱼唼喋以响。
> 志哀兮是祷,成礼兮期祥。
> 呜呼哀哉!尚飨!

宝玉是"泣涕念曰",一把鼻涕一把泪,念完这篇《芙蓉女儿诔》的。宝玉不是为晴雯一人而哭,宝玉所哭者,是所有美丽女子逃脱不了之悲剧,是那些或跳井或上吊或撞壁或吞金而死女性,留守不住之青春,是美丽聪明、情韵雅洁、志行高卓女性之毁灭,是"千红一窟(哭),万艳同杯

(悲)"女性之哀婉结局……

在《红楼梦》世界里,泪水总是女人流的,或是为着女人而流,总之都与女人有关。

3. "红颜祸水"之说

关于水与女人之关联,还有一种"红颜祸水"之说,就是把容貌美丽女人当成祸患根源,而认为她们须对男人种种不幸负责。女人美丽妩媚,诚然是常常惹得许多男人为之憔悴,甚至惹得很多英雄不爱江山,但要这些无辜女子,承担男人失败之全部罪过,也许有些过分了!

因耽迷女色而荒废政事之"英雄",历史上多有。

商纣王"大取乐戏于沙丘,以酒为池,悬肉为林,使男女裸,相逐其间,为长夜之饮",宠爱妲己,淫乱不止,终于丧失江山。

周幽王为博褒姒一笑,"数举烽火",视军令如儿戏,结果惨死在申侯与西夷犬戎屠刀下。

北齐后主高纬为满足冯淑妃围猎野兽心愿,迟救平阳,结果亡了北齐天下。

唐玄宗李隆基宠幸杨贵妃,"从此君王不早朝"。荒废政事,终于招致安禄山起兵反唐。

闯王李自成掠抢吴三桂之爱姬陈圆圆,使吴临阵倒戈,引清兵入关,终于丢掉已经到手之大好河山……

这一切,也许就是所谓"红颜祸水"说之全部根据。

但仔细思量,吾人又不禁要为"红颜"叫屈。"红颜"

之成为红颜,并没有什么过错;"红颜"之被"英雄"宠爱,也不是"红颜"之错;"英雄"因宠爱"红颜"而丢江山,又怎么能怪罪到"红颜"头上?除了极少数女人,大部分"红颜"完全没有政治目的与野心,她们自己亦不过一被玩弄、被蹂躏者,她们竟成"祸水",岂不冤枉!

宠者无责任,被宠者反倒成主谋,岂有此等荒唐逻辑!妲己也好,褒姒也好,杨玉环也好,陈圆圆也好,她们都是无辜的,她们唯一"错误",是出落得太过美丽。她们之被宠幸,并不是她们之错;她们之被宠幸而使宠者丢失江山,更不是她们之错;一切罪责都在宠幸者本人,谁叫他们个个都是好色之徒呢!

"北方有佳人,绝世而独立,一顾倾人城,再顾倾人国,宁不知倾城与倾国,佳人再难得",佳人本是"独立"的,她与你政事何干,她与你江山何干!?

红颜不必是祸水,祸水未必是红颜,总之"红颜祸水"之说,有必要重新斟酌。

从"水做的骨肉"到"柔情似水",从"柔情似水"到"红颜祸水",这便是女人命运!

三、迢迢不断如春水

写水与爱情之关联,由《诗经》开其端。然而把水与爱情写得最优美、最哀婉,吾人以为要数白居易白乐天《长相思》,他较早尝试用词来表达诗不易表达之情感:

> 汴水流，泗水流，
> 流到瓜州古渡头，
> 吴山点点愁。
> 思悠悠，恨悠悠，
> 恨到归时方始休，
> 月明人倚楼。

一个柔弱女子，孤身一人，翠楼远眺，汴泗逝水，点点吴山，催她想起远方恋人。哀婉相思，一如这悠悠东去汴水泗水，无有已时。

什么时候，远方恋人方能归来，是不是一定要等到汴水泗水不再流动那一天？！

1. 江头潮已平径度沧江雨

与黄河、长江相比，汴水、泗水算不上大流，也正因如此，它便似乎比黄河、长江更宜表达男女之间之细腻情感。

汴水是细腻的，它在河南荥阳附近受黄河水，流经江苏徐州，与泗水汇合后注入淮河，它只是黄、淮之间一根飘带；泗水是细腻的，本就不大，还由四源合成，亦经江苏徐州而入淮河；瓜州古渡是细腻的，它不是什么大码头，只是镇江对岸运河进长江入口；吴山亦是细腻的，既不险峻，也不高拔，只是连绵起伏一丘陵。

所有这一切，织成一张细腻大网，正暗含倚楼女子之心

第六章　诗水意象之自身坐标

曲，难怪引得她想爱又想恨，欲哭又无泪。

与《长相思》有异曲同工之妙，还有宋代不仕不娶词人林逋林君复（967—1028）之词，他在同牌《长相思》里说：

> 吴山青，越山青，
> 两岸青山相送迎。
> 谁知离别情。
> 君泪盈，妾泪盈，
> 罗带同心结未成。
> 江头潮已平。

白乐天是借吴越山水写相思，林君复则是借吴越山水写离别，情感不同，但所借之物却相同。同样是细腻山、细腻水，只是一方是独自倚楼，一方是洒泪而别。

"君"流泪，"妾"亦流泪，但无情江水却就要把两人分离，其境何堪！"黯然销魂者，唯别而已矣"。千种缠绵，万般柔情，又奈水何？

通过细水写女子心中柔情与苦痛，是词人常用笔法。宋词人贺铸贺方回（1052—1125）《生查子》有云：

> 西津海鹘舟，径度沧江雨。
> 双橹本无情，鸦轧如人语。
> 挥金陌上郎，化石山头妇。
> 何物系君心，三岁扶床女。

负心出走丈夫,冒雨渡江,一去不回头。妇人万般恳留,毫无结果,只得眼睁睁望着负心人离去。"津""舟""江雨""舻",都是极富情感词汇,以这样词汇,来状描被弃妇人之伤心,是再好也没有了。

2. 溪桥柳细离人未归

比汴水、泗水,比江头、西津更小者,便是溪水;溪水以其多折与清凉,似乎与男女情爱,更为接近。所以以溪水而写爱情,一直未曾中断。

欧阳修永叔(1007—1072)《踏莎行》有云:

> 候馆梅残,溪桥柳细,
> 草薰风暖摇征辔。
> 离愁渐远渐无穷,迢迢不断如春水。
> 寸寸柔肠,盈盈粉泪,
> 楼高莫近危阑倚。
> 平芜尽头是春山,行人更在春山外。

"溪桥""春水""粉泪",以水为基础,天衣无缝地融汇在一起,完美无瑕,令人肠断。此是大水永远不能及的。宋代"魏夫人"那首泣盼远方夫君快快归来的《菩萨蛮》,更是说明了此点:

第六章　诗水意象之自身坐标

> 溪山掩映斜阳里，
> 楼台影动鸳鸯起。
> 隔岸两三家，出墙红杏花。
> 绿杨堤下路，早晚溪边去。
> 三见柳绵飞，离人犹未归。

"溪山""斜阳""鸳鸯""红杏"，都是表达思人伤别之最好词汇，由这些词汇，一望便知"魏夫人""早晚溪边去"之缘由。溪水虽小，"其万折也必东"，总有流出大山那一刻。心中夫君，就在溪水那一头。

三年了，早到溪边去，晚到溪边去，"魏夫人"一日两次到溪边，只是要叮嘱这潺潺溪水，别忘了给那头夫君带一份消息，就说在溪水这一端，还有一不悔妇人，日日年年盼他归。

溪水在这里，实即代表了"魏夫人"之情，"魏夫人"之心。

宋李清照（1084—约1151）"花自飘零水自流，一种相思，两处闲愁"（《一剪梅·红藕香残玉簟秋》）之词，宋姜夔姜尧章（约1155—1221）"肥水东流无尽期，当初不合种相思"（《鹧鸪天·肥水东流无尽期》）之句，元张弘范张仲畴（1238—1280）"千古武陵溪上路，桃花流水潺潺，可怜仙侣剩浓欢"（《临江山·千古武陵溪上路》）之语，清朱彝尊朱锡鬯（1629—1709）"共眠一舸听秋雨，小簟轻衾各自寒"（《桂殿秋·思往事》）之句，等等，表达的都是相近意境。

3. 空阶滴到明共饮长江水

比溪水更细婉者，当然要数雨水。且看唐屡试不第、仕途坎坷之温庭筠温飞卿（约812—866），是如何利用"雨水"抒情的：

> 玉炉香，红蜡泪，偏照画堂秋思。
> 眉翠薄，鬓云残，夜长衾枕寒。
> 梧桐树，三更雨，不道离情正苦。
> 一叶叶，一声声，空阶滴到明。

秋雨连绵，下了一夜又一夜，这多情女子，怎耐得住寂寞长夜？不眠，不眠，香烧了一根又一根，蜡干了一支又一支，还是不眠！只得睁眼望虚空，孤独无依听门外雨声。

那碎响的，是梧桐树上雨滴；那清响的，是屋檐上雨水，敲打门外石阶。石阶上空无一人，只有檐上雨水，滴下，滴下，均匀而沉重，打在地上，打在虚空，打在多情不眠女子心里头。一下，二下，三下，就这样直到天明……

这是温飞卿《更漏子·玉炉香》为我们描绘之情景。想到这情景，我们或许以为，唯有雨水，才能最好地表达相思，因为这情景，的确太奇妙了。

其实不然，雨水可以抒情，溪水、河水可以抒情，大江大河大海之大水，同样可以抒情，同样可以很完美地表达相思：

> 我住长江头，君住长江尾，
> 日日思君不见君，共饮长江水。
> 此水几时休，此恨何时已，
> 只愿君心似我心，定不负相思意。

长江之头与尾，几千公里之遥，对于古之人，几乎是永远之隔离。宋词人李之仪李端叔（？—1117）却用这遥不可及之大水头尾，巧妙表达出痴情女子无尽相思。你能说这大水抒情，不及小水，这江水抒情，不及溪水河水吗？你能说妇人心中之相思，就一"细"字了得？

4. 盈盈一水间脉脉不得语

水之大，在天莫大于"银河"，在地莫大于海洋，但"银河"与海洋，在文人眼中，照样是与爱情密切相关。

数千年来，中国人代代传诵牛郎织女之凄艳故事，便是因了这一条"银河"。为此，《古诗十九首》歌之曰：

> 迢迢牵牛星，皎皎河汉女。
> 纤纤擢素手，札札弄机杼。
> 终日不成章，泣涕零如雨。
> 河汉清且浅，相去复几许。
> 盈盈一水间，脉脉不得语。

《古诗十九首》相思怀人之作，大多从女性角度着笔。女性因其特定处境，只能把全部生命寄托于爱情和婚姻关系；女性生活环境与心灵世界狭小封闭，只能在孤独中无止境咀嚼体味相思痛苦；女性情感丰富、触角敏锐，能与其生活环境中种种事物相交流。

《古诗十九首》抒写女性不幸，有真诚理解与同情，融入作者饱经忧患与痛苦人生体验。其写相思之苦，能由此获得普遍而久远艺术魅力。南朝刘勰《文心雕龙·明诗》云："观其结体散文，直而不野，婉转附物，怊怅切情，实五言之冠冕也。"南朝钟嵘《诗品》云："文温以丽，意悲而远，惊心动魄，可谓几乎一字千金。……人代冥灭，而清音独远，悲夫！"明胡应麟《诗薮》云："兴象玲珑，意致深婉，真可以泣鬼神，动天地。"明王世贞《弇州山人四部稿》云："（十九首）谈理不如《三百篇》，而微词婉旨，遂足并驾，是千古五言之祖。"明陆时雍《古诗镜》云："（十九首）谓之风余，谓之诗母。"清陈祚明《采菽堂古诗选》云："《十九首》所以为千古至文者，以能言人同有之情也。……故《十九首》虽此二意，而低回反复，人人读之皆若伤我心者，此诗所以为性情之物。而同有之情，人人各俱，则人人本自有诗也。但人人有情而不能言，即能言而言不尽，特故推十九首以为至极。"

海水亦然。现代著名诗人徐志摩（1895—1931）《海韵》，便依然是以水为爱情媒介与乐章，把海水激荡与情爱跌宕，紧密融汇到一起：

第六章　诗水意象之自身坐标

女郎，单身的女郎，
你为什么留恋
这黄昏的海边？
女郎，回家吧，女郎！

阿不；回家我不回，
我爱这晚风吹。

在沙滩上，在暮霭里，
有一个散发的女郎——
徘徊，徘徊。
……
阿不；海波他不来吞我，
我爱这大海的颠簸！

在潮声里，在波光里，
阿，一个慌张的少女在海沫里，
蹉跎，蹉跎。

……
郎，在哪里，女郎？
在哪里，你嘹亮的歌声，
在哪里，你窈窕的身影？

211

在哪里,阿,勇敢的女郎?

黑夜吞没了星辉,
这海边再没有光芒;
海潮没了沙滩,
沙滩上再不见女郎,——
再不见女郎!

《海韵》,发表于 1925 年 8 月 17 日《晨报·文学旬刊》,后刊于 1928 年赵元任《新诗歌集》。徐志摩词,赵元任曲。写于 1927 年,为赵元任歌曲作品中篇幅最大一首。1974 年,邓丽君为电影《海韵》演唱同名插曲。随着电影上映,此曲广泛流行于二十世纪七八十年代之港台、东南亚地区。

单身女郎徘徊,歌唱,急舞婆娑,被淹入海沫,从沙滩消失。她并不要或可以不必包含生活意味、道德承诺、伦理意愿,不是现实生活中具体"某一个",她只是现代生活中一种"可能"。其徘徊、歌唱、婆娑、被淹和消失,只不过是"可能发生的行为过程的放大"。

第七章　从知者乐水到善游者忘水

中华文人,既有这样丰厚水氛围,临水而慨叹世事人生,便是常有事。没有水,不知中华文人之形象,会干瘪成什么样子。

一、乐乎水而浴乎沂

最早最伟大的临水哲人,恐怕要数孔丘孔仲尼(公元前551—479年)。他后来被尊为圣人,道貌岸然;其实在当时,他并不是这样的。

1. 乘桴浮于海

他并不死板,也并不苛严,更不道貌岸然。相反,他很活跃,想什么就说什么,喜怒哀乐,从不窃藏于心。在学生面前,他从来就不是"师道尊严"死面孔。他之性情与人格,似乎处处都受到水之浸染。

《论语》首次提到"水",便是孔子向学生陈述"乘桴浮于海"悲壮宏愿。他对学生说:"假使我的主张不得施行,我就坐个木排向海上漂去，跟随我的恐怕只有仲由吧？"

不知道孔子是否见过大海，但吾人敢断言，大海肯定早就进入孔子心中。以孔子之聪明，他不会不明白自己主张之肯定不能见容于当时，只是因其对于理想太过热爱，才义无反顾走上"知其不可为而为之"，隐藏了多少苦痛与心酸。

从这里我们亦可看到孔子对于水之特别青睐。在理想不能实现时，人们常常想到"隐遁山林"，伯夷、叔齐誓不食周粟，饿死于首阳山，便是一典型例证。

唯独孔子想到海，想到水，想到漂流海外之水上远梦。这不是一普通选择，这选择透示一种人格与性情。伯夷、叔齐是儒者所尊崇的，但他们"隐遁山林"，却为孔子所不许，这是一种人格与性情。伯夷、叔齐是儒者所尊崇的，但他们"隐遁山林"，却为孔子所不许，这其中不能不说有很深文化意蕴。

2. 知者乐水

《论语》第二次提到"水"，便是孔子那句著名彪炳千古的话——"知者乐水，仁者乐山"（《论语·雍也》）。

水是"动"、是"乐"，山是"静"、是"寿"，故孔子又曰："知者动，仁者静，知者乐，仁者寿。"（《论语·雍也》）在这里，孔子再一次把"水"摆到"山"之前，显示出"水"对于"山"之优先地位。这和孔子认为"乘桴浮海"优于"隐遁山林"之立场，是一致的。孔子说"知水仁山"，而不说"仁山知水"，是有其深意的。

第七章　从知者乐水到善游者忘水

韩婴之《韩诗外传》卷三，曾对于"知者乐水"有一释读，云：

夫水者，缘理而行，不遗小间，似有智者；
动之而下，似有礼者；
蹈深不疑，似有勇者；
障防而清，似知命者；
历险放远，卒成不毁，似有德者。
天地以成，群物以生，国家以平，品物以正，此智者所以乐于水也。

此是韩婴之释读，合不合孔子原意，不敢速断。孔子之尚水、乐水，也许并非因为他从水中看到所崇尚之德。水而有德，也许并非孔子每临水必生感慨之主要缘由。

但《荀子·宥坐》篇之记载，却强化了此种释读。荀子记载说：

孔子观于东流之水。
子贡问于孔子曰："君子之所以见大水必观焉者，是何？"孔子曰：
"夫水大徧与诸生而无为也，似德；
其流也，埤下裾拘，必循其理，似义；
其洸洸乎不淈尽，似道；
若有决行之，其应佚若声响，其赴百仞之谷不惧，似勇；

主量必平，似法；
盈不必概，似正；
淖约微达，似察；
以出以入，以就鲜絜，似善化；
其万折也必东，似志。
是故君子见大水必观焉。"

韩婴只提到了水之智、礼、勇、知命、有德五种德。荀子在此之前却早就悟到了水之德、义、道、勇、法（平）、正、察、善化等八种德。荀子认为，君子之所以见大水必观焉，正是因为他认定水具备这各种德。但可以肯定，这是荀子之观点，而非孔子之观点，虽然荀子是借孔子之口而道出。

我们了解孔子，唯一较为可靠之依据，便是《论语》，亦只能是《论语》。但翻遍《论语》，我们找不到孔子尚水，是因为水之有德之记载。相反，在《论语》中，孔子把水与德区分得很清楚。

他讲"知水仁山"，实际上是把德赋予山，仁者乐山，只因为山具备仁者所向往之德。水没有这样的德，所以仁者不乐水；山具备这样的德，所以知者不乐山。

在这里，知者和仁者，是两类不同性情人：知者尚动、尚乐，而仁者尚静、尚寿。孔子尚水，所以孔子并不认为自己是个仁者。

从广义去看，"知"（智）当然亦是一种德，但孔子讲到乐水时，所说"知"无疑并不是广义"知"，而是狭义

"知"。简言之,是与"仁"(德)相对反之"知"(智)。故吾人对于这里的"知",也只能从狭义上去理解。"知"是一种理智、一种智慧。而"仁"却是一种道德、一种德性;"知"讲现实、讲实然,而"仁"却讲将来、讲应然。孔子倾向于视自己为"知者",这从他对于水之重视与崇尚中,可以看出。

3. 民之于仁也甚于水火

孔子曾言:"饭疏食,饮水,曲肱而枕之,乐亦在其中矣。不义而富且贵,于我如浮云。"(《论语·述而》)这里水是实指,显然无有道德意义。

孔子又言:"凤鸟不至,河不出图,吾已矣夫!"(《论语·子罕》)此处之河亦系实指,亦无道德含义。

《论语》又载:"子在川上,曰:逝者如斯夫,不舍昼夜!"(《论语·子罕》)此处所谓"川"与"逝",只是象征时光之无情、日月不我待,并非象征所谓德。由川流不息而感悟人生世事,与其说是一种德行,不如说是一种智慧。

孔子亦曾言:"民之于仁也,甚于水火,水火,吾见蹈而死者矣,未见蹈仁而死者也。"(《论语·卫灵公》)此处之水亦是实指,与"仁"无关。

4. 浴乎沂风乎舞雩咏而归

孔子有一次让弟子谈各自志向。

子路说自己志在治理"千乘之国",孔子只是笑笑,未置可否；冉求说自己志在治理"方六七十，如五六十"之小国，孔子未说话；公西华说自己"愿为小相"，即做小司仪，孔子未说话；最后曾皙放下手中瑟，站起身说出自己之志向："莫春者，春服既成，冠者五六人，童子六七人，浴乎沂，风乎舞雩，咏而归。"孔子这才喟然叹曰："我赞同曾皙的想法！"

《论语·先进》载：

子路、曾皙、冉有、公西华侍坐。

子曰："以吾一日长乎尔，毋吾以也。居则曰：'不吾知也。'如或知尔，则何以哉？"

子路率尔而对曰："千乘之国，摄乎大国之间，加之以师旅，因之以饥馑；由也为之，比及三年，可使有勇，且知方也。"夫子哂之。

"求，尔何如？"

对曰："方六七十，如五六十，求也为之，比及三年，可使足民。如其礼乐，以俟君子。"

"赤，尔何如？"

对曰："非曰能之，愿学焉。宗庙之事，如会同，端章甫，愿为小相焉。"

"点，尔何如？"

鼓瑟希，铿尔，舍瑟而作，对曰："异乎三子者之撰。"

子曰："何伤乎？亦各言其志也！"

曰："莫春者，春服既成，冠者五六人，童子六七人，浴乎沂，风乎舞雩，咏而归。"

夫子喟然叹曰："吾与点也。"

三子者出，曾晳后。曾晳曰："夫三子者之言何如？"

子曰："亦各言其志也已矣！"

曰："夫子何哂由也？"

曰："为国以礼，其言不让，是故哂之。唯求则非邦也与？安见方六七十，如五六十而非邦也者？唯赤则非邦也与？宗庙会同，非诸侯而何？赤也为之小，孰能为之大？"

"浴乎沂"，就是在沂水洗澡游乐，"莫春者"，即是晚春夏初多雨季节。孔子对于子路、冉求治国之理想，对于公西华道德之理想，不以为然；唯独对于曾晳"莫春多雨时浴乎沂"之志向，情有独钟，正说明孔子对于"水"，确有独特感受与倾慕。

虽也不排除这是孔子在极不得意情形下所说义愤话，但他对于水情有独钟，却是不争之事实。水，对于孔子之生命与精神，不是可有可无的。

但此处之水，同样既不代表政治，也不代表道德，而是在这之外另一种完全放松人生。孔子尚水，是尚此等水，而不是有德之水；孔子乐水，是乐此等水，而不是有德之水。君子见大水也必观焉，是因为水而有德，这不是孔子之理想，而是韩婴之理想，是荀子之理想，再往前，更是孟子之理想。

"水而有德故君子乐之"一类观念，是从孟子肇始的。孔子并不是道德至上论者，孔子尚水、乐水，并不是因为水而有德。

二、观于海者难为水

水从孔子那里流出，历一个半世纪，到达孟子（公元前385—304年）心头，起了很大变化。孟子是儒家转向彻底道德至上论之关键人物，水在他那里，因而也出现了明显转向。孟子之被誉为"亚圣"，是有其根据的。

1. 源泉混混不舍昼夜

孟子论水文字，亦不少见。其中较为著名者，有下列几段：

（1）凡有四端于我者，知皆扩而充之矣，若火之始然、泉之始达。苟能充之，足以保四海；苟不充之，不足以事父母。（《孟子·公孙丑上》）

此处并非专门论水，而只是以"泉水"比喻仁、义、礼、智之四善端，又以"泉之始达"比喻此四善端之"扩而充之"。水在这里，是善之水。

（2）徐子曰："仲尼亟称于水，曰'水哉，水哉！'，何取于水也？"孟子曰："源泉混混，不舍昼夜，盈科而后进，放乎四海。有本者如是，是之取尔。苟为无本，七八月之间

雨集，沟浍皆盈；其涸也可立而待也。故声闻过情，君子耻之。"（《孟子·离娄下》）

这是上承孔子论水最直接一段文字。从这里我们一方面可看到，孔子的确是尚水、乐水的，另一方面我们更可知道，孟子作为亚圣，究竟会如何解释自己先辈此种行为。徐子（徐辟）问孟子，孔子尚水、乐水取法于水者为何，孟子之回答是："取法于水之有本。"

此处所谓"本"，即所谓"源"。孟子认为孔子所尚之水、所乐之水，必是有本之水、有源之水，若水无本、无源，孔子是决不会尚之、乐之的。七八月间雨水，便是无本之水、无源之水，此等水虽也有一时凶猛，但很快就会干涸。孟子认为，孔子决不会欣赏此等水。

从孔子"浴乎沂"之志向来看，其实孔子亦是欣赏此等之水的。据《论语》记载，孔子是既欣赏有本之水、有源之水，也欣赏无本之水、无源之水的。并非如孟子所言，他只欣赏前者。孟子这样去解释孔子，当然有他自己之"论理"目的。

孟子所谓善，并不是现成善，而是内在善，换言之，它只是种子，要有吾人浇灌与施肥，它方会发芽、方能长大。此善种，在孟子名曰"善端"，在佛徒名曰"善根"。

"恻隐之心，仁之端也；羞恶之心，义之端也；辞让之心，礼之端也；是非之心，智之端也。"（《孟子·公孙丑

上》）

换言之，恻隐之心乃仁德之本、之源，羞恶之心乃义德之本、之源，辞让之心乃礼德之本、之源，是非之心乃智德之本、之源。孟子强调水之有本、有源，一如他强调德之有本、有源，其辞有异，其理一也。

他释读孔子之尚水、乐水，是尚有本、有源之水，乐有本、有源之水，实即是强调并推崇自己所谓有本之德、有源之德。在孟子"论理"中，有本之水与有本之德同义，有源之水与有源之德同理。他推崇有本之德、有源之德，便不能不推崇有本之水、有源之水，而对于无本、无源之水，另眼相看。

2. 水信无分于东西

再看孟子论水文字：

（3）孟子曰："水信无分于东西，无分于上下乎？人性之善也，犹水之就下也。人无有不善，水无有不下。今夫水，搏而跃之，可使过颡；激而行之，可使在山。是岂水之性哉？其势则然也。人之可使为不善，其性亦犹是也。"（《孟子·告子上》）

此处之水，亦是善德之水。告子以水无东流西流之定向，而断定性无善与不善之判分，孟子亦以水驳之，而有上面一段话。

孟子承认水无东流西流之定向，却一口咬定水有向上向下之定向，从而咬定人性之善为本有。水总是向下，故人性总是向善；水之向上是由于逼迫，人之不善亦是由于人为；水之向下为恒、为常，向上为暂、为变，故人性之善为恒、为常，其为不善，只是暂时、只是变态。在这里，孟子把以水明理之手法，发挥到极点。

（4）白圭曰："丹之治水也愈于禹。"孟子曰："子过矣。禹之治水，水之道也，是故禹以四海为壑。今吾子以邻国为壑。水逆行谓之洚水。洚水者，洪水也，仁人之所恶也。吾子过矣。"（《孟子·告子下》）

孟子论水，真是时时不忘仁德。他说大禹治水是顺乎水之本性，而白圭治水却是拂逆水之本性。因为大禹是使水流注四海，而白圭是使水流入邻国。

导水入四海，为"仁人"所喜；导水入邻国，则为"仁人"所恶。水照样是这水，流照样是这流，却因治者与治法不同，而有仁与不仁之差异，此非孟子不能为也。

3. 观水有术必观其澜

再看孟子论水文字：

（5）孟子曰："孔子登东山而小鲁，登泰山而小天下。

故观于海者难为水,游于圣人之门者难为言。观水有术,必观其澜。日月有明,容光必照焉。流水之为物也,不盈科不行。君子之志于道也,不成章不达。"(《孟子·尽心上》)

这恐怕是孟子论水言论中,最为著名一段话。"观于海者难为水"、"观水有术"一类话,几千年来几乎妇孺皆知。这样著名论水文字,却同样落脚于一"道"字。

他讲流水"不盈科不行",只是为说明君子之志于"道",亦应当"不成章不达";他讲"观于海者难为水",也只是为说明"游于圣人之门者难为言";他讲观水"必观其澜",亦同样只是为说明观人必观其行、必观其效。

"水"者,人也,"澜"者,善行也;观水观其澜,观人观其善行;观澜为观水之术,观善行为观人之术。水而离开善德,便失去其意义。

孟子"民归之,由水之就下,沛然谁能御之"(《孟子·梁惠王上》)一句,是以水之就下,比喻民之归附不嗜杀人者;

其"从流下而忘反,谓之流;从流上而忘反,谓之连"(《孟子·梁惠王下》)一句,亦不是讲"流连"本身,而是为劝告国王不要游玩无度,流连忘返;

其"清斯濯缨,浊斯濯足"(《孟子·离娄上》)一句,是为区分操行之清与浊;

其"民之归仁也,犹水之就下、兽之走圹也"(《孟子·离娄上》)一句,与民之归不嗜杀人者一句,同出一辙;

其"嫂溺，援之以手者，权也"（《孟子·离娄上》）一句，只是为说明"男女授受不亲"之理；

其"仁之胜不仁也，犹水胜火。今之为仁者，犹以一杯水救一车薪之火也"（《孟子·告子上》）一句，是为说明仁永远可以胜不仁之道理，因为杯水不能灭车薪之火，并不意味着水不能灭火；

其"及其闻一善言，见一善行，若决江河，沛然莫之能御也"（《孟子·尽心上》）一句，只是为以水之决泄，描绘舜向善之心切；

其"菽粟如水火，而民焉有不仁者乎"（《孟子·尽心上》）一句，只是想通过水火之多，推出圣人可使百姓仁爱之道理；

其"掘井九轫而不及泉，犹为弃井也"（《孟子·尽心上》）一句，只是为说明君子为道务必坚持到底之理；

其"有如时雨化之者"（《孟子·尽心上》）一句，是为说明对"君子"进行教育之方式。总之一句话，孟子论"水"无一处不涉及"德"。

4. 斋戒沐浴可以祀上帝

孟子也讲"浴"，但他之"浴"与孔子之"浴乎沂"，含义迥然不同。孔子在讲"浴"、讲"浴乎沂"时，是不带任何道德目的的；但孟子之讲"浴"，却是为了祭祀，为了礼仪，为了某种外在的目的。

其言曰：

"虽有恶人，斋戒沐浴，则可以祀上帝。"(《孟子·离娄下》)

孟子几乎不讲"山"，这与孔子认为"仁者乐山"迥然不同。孔子认为水近于智，而山近于德，这在孟子不能成立。"山"与孟子之仁德，之善行，是没有关联的。

山无本、无源，山之形象完全不足以拿来描绘有本之德、有源之德。正是基于此推定，孟子竟断然将伯夷隐遁之地从首阳山移至"北海之滨"，将太公隐遁之地从小小渭水移至浩瀚"东海之滨"，并认为舜让渡天下后，也是到了水边，"遵海滨而处"。

其言曰："伯夷辟纣，居北海之滨，……太公辟纣，居东海之滨，……。"——《孟子·离娄上》；

又曰："舜视弃天下，犹弃敝蹝也，窃负而逃，遵海滨而处，终身䜣然，乐而忘天下。"——《孟子·尽心上》)

很显然，依据孟子"论理"，要善德，便不能要山，不能要山，便必得修改历史。这是孟子之苦衷。

总之，孟子论水，与孔子有别，其要一曰孔子尚水、乐水，并非因为水而有德，而孟子恰正反其道而行之，认为水而无德便无尚、乐之价值；二曰孔子认水而近智、山而近仁，而孟子则认定山决不能近仁，唯有水，即有本、有源之水，才近于那深植于人心之有本、有源之德。

三、长于水而安于水

"长于水而安于水"是庄子（公元前369—286年）原话，只是他借另一人口而说出。

故事说：孔子在吕梁观光，见到一片大水，高悬二十余丈泻下，溅起泡沫流出四十里才消失。此等大水，连乌龟鱼鳖都无法上游，只见一男子在其中畅游自如。孔子以为是投水自杀者，急令弟子顺流援救。却见那人潜水好几百步后浮出，披发吟歌游到岸边。

孔子十分诧异，便问男子："蹈水有道乎"？那人回答："吾无道。……吾生于陵而安于陵，故也；长于水而安于水，性也；不知吾所以然而然，命也。"（《庄子·达生》）

1. 长于水而安于水性也

这意思是说，他之能游水完全是就着水势，顺其自然。起初是故意，长大是习性。生于水边，长于水边，常在水中游，和漩涡一起没入，和激流一起浮出，并不感觉水是在自己之外。

孔子观于吕梁，县水三十仞，流沫四十里，鼋鼍鱼鳖之所不能游也。

见一丈夫游之，以为有苦而欲死也，使弟子并流而拯之。数百步而出，被发行歌而游于塘下。

孔子从而问焉，曰："吾以子为鬼，察子则人也。请问，'蹈水有道乎'？"

曰："亡，吾无道。吾始乎故，长乎性，成乎命。与齐俱入，与汩偕出，从水之道而不为私焉。此吾所以蹈之也。"

孔子曰："何谓始乎故，长乎性，成乎命？"

曰："吾生于陵而安于陵，故也；长于水而安于水，性也；不知吾所以然而然，命也。"

所以游有所成，能出没于乌龟鱼鳖都望而生畏之大水中，完全是顺乎自然之结果。能顺水之自然，水出亦出，水没亦没，要想不有所成也是很难的。

从这则故事我们看到，庄子之尚水与孔、孟之尚水，有很大不同。如果说孔子之尚水是尚其动、尚其乐，孟子之尚水是尚其善、尚其德，那么庄子之尚水便是尚其大、尚其静。

"悬水三十仞，流沫四十里"，是谓大；"从水之道而不为私焉"、"长于水而安于水"，是谓静。此处之"静"当然不同于孔子所谓"仁者静"，后者带有道德意味，而前者则完全与德性无关，它只是无为、顺情、不做作之意。

2. 水之积也不厚则负大舟无力

写"大水"，庄子是一把好手，几千年中国思想家中，无人能出其右。《庄子·逍遥游》，便有此种描写：

第七章　从知者乐水到善游者忘水

北冥有鱼，其名为鲲。

鲲之大，不知其几千里也；化而为鸟，其名为鹏。

鹏之背，不知其几千里也；怒而飞，其翼若垂天之云。

是鸟也，海运则将徙于南冥。南冥者，天池也。

《齐谐》者，志怪者也。《谐》之言曰：

"鹏之徙于南冥也，水击三千里，抟扶摇而上者九万里，去以六月息者也。"

野马也，尘埃也，生物之以息相吹也。

天之苍苍，其正色邪？其远而无所至极邪？其视下也，亦若是则已矣。

且夫水之积也不厚，则其负大舟也无力。

覆杯水于坳堂之上，则芥为之舟，置杯焉则胶，水浅而舟大也。

风之积也不厚，则其负大翼也无力。

故九万里，则风斯在下矣，而后乃今培风；

背负青天，而莫之夭阏者，而后乃今将图南。

蜩与学鸠笑之曰："我决起而飞，抢榆枋而止，时则不至，而控于地而已矣，奚以之九万里而南为？"

适莽苍者，三餐而反，腹犹果然；适百里者，宿舂粮；适千里者，三月聚粮。

之二虫又何知！

一条鱼便有几千里那么大，可以想象鱼畅游于其中之"北冥"，该有多大。这样大"北冥"，竟也还只是水之一部分，在这之外还有更大之"南冥"。合而观之，庄子所说"水"，真是太大了。

据说化鸟后徙于"南冥"之大鱼，在迁往"南冥"时，激起水花高达三千里，直搅得沧海茫茫，遮天蔽日。

3. 天下之水莫大于海

庄子赞赏、向往者，便是此等"大水"，比如无边无际之大海。《庄子·秋水》首先写到黄河之大，然后通过黄河大，进一步衬托北海大：

秋水时至，百川灌河。泾流之大，两涘渚崖之间，不辩牛马。

于是焉，河伯欣然自喜，以天下之美为尽在己。

顺流而东行，至于北海。东面而视，不见水端。

于是焉，河伯始旋其面目，望洋向若而叹曰：

"野语有之曰：'闻道百，以为莫己若'者，我之谓也。

且夫我尝闻少仲尼之闻，而轻伯夷之义者，始吾弗信，

今吾睹子之难穷也，吾非至于子之门，则殆矣，吾长见笑于大方之家。"

北海若曰："井蛙不可以语于海者，拘于虚也；

夏虫不可以语于冰者，笃于时也；

曲士不可以语于道者，束于教也。

今尔出于崖涘，观于大海，乃知尔丑，尔将可与语大理矣。

第七章　从知者乐水到善游者忘水

天下之水，莫大于海。

万川归之，不知何时止而不盈；尾闾泄之，不知何时已而不虚；春秋不变，水旱不知。

此其过江河之流，不可为量数。

而吾未尝以此自多者，自以比形于天地，而受气于阴阳，吾在于天地之，间犹小石小木之在大山。

方存乎见少，又奚以自多！

计四海之在天地之间也，不似礨空之在大泽乎？

计中国之在海内不似稊米之在大仓乎？

号物之数谓之万，人处一焉；人卒九州，谷食之所生，舟车之所通，人处一焉。

此其比万物也，不似豪末之在于马体乎？

五帝之所连，三王之所争，仁人之所忧，任士之所劳，尽此矣！

伯夷辞之以为名，仲尼语之以为博。此其自多也，不似尔向之自多于水乎？"

河水已经够大，大到两岸及河中水洲之间，辨不清牛马。但和北海比较起来，河水几乎是沧海一粟。难怪河神要惊慌失色、望洋兴叹了。

海水之大是"望之而不见其崖，愈往而不知其所穷"（《庄子·山木》）；是"注焉而不满，酌焉而不竭"（《庄子·天地》）；"海不辞东流，大之至也"（《庄子·徐无鬼》）；"天下之水，莫大于海，万川归之，不知何时止而不盈。尾闾泄之,不知何时已而不虚。春秋不变,水旱不知。此其过江河之流,不可为量数"(《庄子·秋水》)。

但是不是说水大就一定好,水小就一定不好呢?非也。

庄子之盛言大水,并不含有贬小而褒大、抑小而扬大之意。庄子之盛言大水,只是要警告水之大者不要自满、不要讥笑水之小者,而水之小者亦无须自卑、无须羡慕水之大者。大有大气派,小有小格调,各有千秋,各有胜于对方者。大者安于大,小者安于小,各行其是,各就其位,便就无所谓大小之别、高下之分、好坏之异。

水在庄子这里,完全是一中性东西。庄子借北海神(水之大者)之口,对洋洋自得、"以天下之美为尽在己"之河神(水之小者)说:"我虽是天下最大之水,但我并没有因此而感到自满,……我在天地之间,就如小石小木之在大山,只有小的念头,怎敢自以为大?仔细想想,四海在天地间,不就如蚁穴在大泽里,中国在四海里,不就如小米在大仓里一样吗?物类数目有万种之多,人类只是万物中之一种;而个人,又只是人类中之一份子。个人和万物相比,不就如马体上之一根毫毛吗?"(《庄子·秋水》)

无边无际大海,都不敢自以为大,还有谁敢自以为大。但是反过来,吾人亦不能谓马体上之一根毫毛,就必为小。因为跟比它更小者比较起来,它又是大的。所以北海神劝告河神,不要从一个极端跳到另一极端。不知道自己之小而洋洋自得,诚然不对;知道自己很小而自惭形秽,同样亦是不对的。

第七章　从知者乐水到善游者忘水

　　大小是相对的，大小之好坏，同样亦是相对的。《庄子·秋水》篇中之寓言说，跳着行走的独脚兽，羡慕用一万只脚行走的多足虫。多足虫却说，他只是顺其自然而行，自己也不知为什么能这样。多足虫又羡慕蛇，认为自己用那么多脚行走，竟不如蛇无脚走得快。蛇却说他是顺其自然，即使想要脚也没有办法。蛇又羡慕风，认为自己运动脊背和腰部奋力行走，还只能走很近距离，而风竟能不留痕迹，毫不费力地从北海一下吹入南海。风却说："我虽能呼呼地从北海一下子吹到南海，但人们用手指一指便能胜过我，用脚踢也能胜过我。但折毁大树，吹倒大屋，却只有我能够做到。所以在大的方面是我行，而在小的方面是你行。"(《庄子·秋水》)

　　庄子通过这则寓言只是要说明，小的不要羡慕大的，大的亦不要看不起小的；物各有性，人各有命。大有大之乐，亦有大之悲；小有小之悲，亦有小之乐。浅井之蛙与东海之鳖的对话，就说明了这一点。

　　浅井之蛙对东海之鳖说："我快乐极了！我出则在井栏上跳跃，入则在破砖边休息，游到水里浮起我的两腋，跳到泥里盖没我的脚背。我还独占一坑水，盘踞一口井，井中赤虫、螃蟹、蝌蚪等等，皆不如我。你何不进来看看呢？"

　　东海之鳖左脚还没有伸进去，右脚已被绊住，于是退出来，向浅井之蛙描绘大海情形。他说"夫千里之远，不足以举其大；千仞之高，不足以极其深。禹之时十年九潦，而水弗为加益；汤之时八年七旱，而崖不为加损。夫不为顷久推移，不以多少进退者，此亦东海之大乐也。"(《庄子·秋

水》)

独占一坑水，盘踞一口浅井，这是浅井之蛙的最大快乐；不因时间短长而改变，不因雨水多少而增减，这是东海的最大快乐，亦是东海之鳖的最大快乐。二者均有其快乐，不能说水大，如东海，就好，亦不能说水小，如浅井，就不好。最佳选择是小者安于小，大者安于大。小鱼在小水沟里来去自如，就是乐，若慕海之大而游到海中，就会被淹死；吞舟之大鱼在江海中出没沉浮，便是乐，若慕沟之小而强入小水沟中，便无法转动身体，甚至受制于小小的蚂蚁。小鱼有小鱼之去处，吞舟之大鱼有吞舟之大鱼之归宿，不能相互羡慕的！(《庄子·庚桑楚》)

庄子讲"长于水而安于水"，也就是上面之意。长于大水而安于大水，是宜、是乐；长于小水而安于小水，同样是宜、是乐。二者在境界上，是同一的。

而这，又恰好是庄子所谓的"静"：长于大水而安于大水是无为，是顺情，是不做作；长于小水而安于小水同样亦是无为，是顺情，是不做作。前言庄子之尚水是尚其静，就只是此意。

4. 人莫鉴于流水而于止水

庄子尚水之静的话，有很多。

如"泽雉十步一啄，百步一饮，不蕲畜乎樊中。神虽王，不善也"(《庄子·养生主》)一段，是说水泽里野鸡虽生存不易，却并不希望被养在笼中。

第七章 从知者乐水到善游者忘水

如"人莫鑑于流水,而于止水,唯止能止众止"(《庄子·德充符》)一段,是说唯有静止东西,方能使他物静止。

"平者,水停之盛也,其可以为法也,内保之而外不荡也"(《庄子·德充符》)一段,是说效法水平之静就能保持内心的极端静止状态,而不为外境所摇荡。

"泉涸,鱼相与处于陆,相呴以湿,相濡以沫,不如相忘于江湖"(《庄子·大宗师》)一段,是说万物若各依其本性而生存,本来无需相互救助。

"鱼相造乎水,人相造乎道。……鱼相忘于江湖,人相忘乎道术"(《庄子·大宗师》),是用鱼与水之相融,来比喻人与道之相适。

"鲵桓之审为渊,止水之审为渊,流水之审为渊。渊有九名,此处三焉"(《庄子·应帝王》)一段,是以水象征修道的三种境界。

"南海之帝为儵,北海之帝为忽,中央之帝为浑沌"(《庄子·应帝王》)一段,是以浑沌之死,从反面说明物不安其性便无以生存之道理。

"钓饵罔罟罾笱之知多,则鱼乱于水矣"(《庄子·胠箧》)一段,是以鱼乱于水说明知多之害处。

"夫道,渊乎其居也,漻乎其清也"(《庄子·天地》)一段,是进一步以水之静与清来描绘道。

"水静则明烛须眉,平中准,大匠取法焉。水静犹明,而况精神"(《庄子·天道》)一段,是借水静则明来说明圣人之静并非因为静为善,而是因为有静则明。

"夫水行莫如用舟，而陆行莫如用车，以舟之可行于水也，而求推之于陆，则没世不行寻常"（《庄子·天运》）一段，是以水陆舟车之别，明物各有性、不可强同之理。

"水之性，不杂则清，莫动则平，郁闭而不流，亦不能清"（《庄子·刻意》）一段，是以水之清、静，说明人当"纯粹而不杂，静一而不变"。

5. 庄子与惠子游于濠梁之上

"庄子与惠子游于濠梁之上"（《庄子·秋水》）一段，是借鱼乐之辩，说明知与乐之永远无法同一之理。"善游者数能，忘水也"（《庄子·达生》）一段，是借"津人操舟若神"一事，说明只要心静而不外驰，便能视渊若陵、视舟覆若车却之理。

> 庄子与惠子游于濠梁之上。
> 庄子曰："鲦鱼出游从容，是鱼之乐也。"
> 惠子曰："子非鱼，安知鱼之乐？"
> 庄子曰："子非我，安知我不知鱼之乐？"
> 惠子曰："我非子，固不知子矣；子固非鱼也，子之不知鱼之乐全矣！"
> 庄子曰："请循其本。子曰'汝安知鱼乐'云者，既已知吾知之而问我，我知之濠上也。"

再看其他段落：

"君子之交淡若水，小人之交甘若醴，君子淡以亲，小人甘以绝"（《庄子·山木》）一段，是说水之淡要优于醴之甘，因为淡水易亲、甘醴易绝。

"观于浊水而迷于清渊"（《庄子·山木》）一段，是借水之浊清而警醒人们，不要陷入"得美荫而忘其身"、"见得而忘其形"、"见利而忘其真"之迷途。

"夫水之于汋也，无为而才自然矣"（《庄子·田子方》）一段，是借水流之自然，说明万物皆自然，无需修饰之理。

"列御寇为伯昏无人射，引之盈贯，措杯水其肘上"（《庄子·田子方》）一段，更是借托水射箭一事，说明心静之无比重要性。

"清只风与日相与守河，而河以为未始其撄也，恃源而往者也"（《庄子·徐无鬼》）一段，是借水之守源而流不损一事，说明持守本性，不假外求之重要性。

"我且南游吴越之士，激西江之水而迎子"（《庄子·外物》）一段，是以远水不救近鱼，说明并不必远求、道即在当下。

6. 任公子为大钩投竿东海

庄子也讲"钓"。其论"钓"也是从大与静两方面来考虑的。

大方面之钓，有任公子之钓。他的钓钩像一根粗黑绳，他用的诱饵是五十头犍牛。蹲在会稽山，投竿于东海，钓了许多年才钓得一条大鱼。出水时拍击的海水，震惊千里。将

其腊干,浙江以东、苍梧以北广大地区的居民,均能饱餐一顿。《庄子·外物》载:

> 任公子为大钩巨缁,五十犗以为饵,
> 蹲乎会稽,投竿东海,旦旦而钓,期年不得鱼。
> 已而大鱼食之,牵巨钩,錎没而下,骛扬而奋鬐,
> 白波若山,海水震荡,声侔鬼神,惮赫千里。
> 任公子得若鱼,离而腊之,
> 自制河以东,苍梧以北,莫不厌若鱼者。
> 已而后世辁才讽说之徒,皆惊而相告也。
> 夫揭竿累,趣灌渎,守鲵鲋,其于得大鱼难矣;
> 饰小说以干县令,其于大达亦远矣。
> 是以未尝闻任氏之风俗,其不可与经于世亦远矣。

静方面的钓,有江湖之士、避世之人"就薮泽,处闲旷,钓鱼闲处"(《庄子·刻意》)之钓,有文王在渭水边所见丈夫"其钓莫钓,非持其钓有钓者也,常钓也"(《庄子·田子方》)之钓,也有庄子本人钓于濮水,不受楚王之聘,"宁其生而曳尾于涂中"(《庄子·秋水》)之钓。

庄子也讲"浴"。但庄子之论"浴",却既不同于孔子,也不同于孟子。

孔子讲"浴",是为了"浴乎沂";孟子讲"浴",是为祭祀礼仪;而庄子之讲"浴",则只是为了清明之道。

他讲"夫鹄不日浴而白,乌不日黔而黑,黑白之朴,不

足以为辩"（《庄子·天运》），只是想说明白者自白，不因洗而白，黑者自黑，不因染而黑这一根本道理，而这，恰正就是"道"。

他举"孔子见老聃，老聃新沐，方将被发而干，然似非人"（《庄子·田子方》）之举，只是想借老子新浴后，等待发干，凝神定立，有如木人的形象，来说明得道者"游心于物之初"时"形体掘若槁木，似遗物离人而立于独"之典型特征。

其"汝斋戒，疏沦而心，澡雪而精神，掊击而知！夫道，窅然难言哉"（《庄子·知北游》）一段，更是直接以"澡雪"（即洗浴）来说明"道"之窅然难言，直接以"澡雪"作为明道之前提。

其"汝自洒濯，孰哉郁郁乎！然而其中津津乎犹有恶也"（《庄子·庚桑楚》）一段，同样是以"洒濯"（即洗浴）作为学"道"之前提，认为不检束内心，不杜绝外在诱惑，不洗掉心中洋溢之恶念，便无法得"道"。

总之，庄子之尚水，有很多特别地方。他尚水之大，同时又不贬抑水之小；他尚水之静，同时又强调水当常流而新。不管是尚水之大，还是尚水之静，其根结只在一"安"字。

安而后能任，而后能顺，而后能无为；有了安，大小之别、静动之别，便变得无足轻重；而且有了安，大水是小水，小水亦是大水，有了安，静水是动水，动水亦是静水。

水之于庄子，既无定形，亦无定性，——水完全是自由的！

第八章　从愿者上钩到闲钓江鱼

"渔父"和"钓者"形象，在中外文化中均可见到。但是比较起来，中华"渔父"或"钓者"，有着更为深刻而独特之内涵。

中华文人，不管得意与否，似乎都以成为"渔父"或"钓者"为荣耀。

一、周西伯遇太公于渭之阳

中华历史上最早而又最有名之钓者，恐怕要数姜太公姜子牙了。

据说他在渭水之滨垂钓，整整五十六年，直到七十岁才被周文王启用，成就一番功业。也有人说他是八十岁时在渭水边垂钓，被周文王访得，拜为丞相，助武王兴兵伐纣，终成兴周大业的。

1. 姜子牙学道于昆仑山

最后他又奉命发榜封神，故民间又有"姜太公在此，百

第八章　从愿者上钩到闲钓江鱼

无禁忌"之说，意谓有他在此庇护，什么也不用忌讳，他能让人逢凶化吉。

这是三千多年前的事了，历史上是否确有其人，不得而知。不过据说是有所依据的，其原型，就是历史人物吕尚。中华文献，对他有很多描写，《鬻子》、《六韬》、《金匮》及《搜神记》已逐渐将其神化，至《封神演义》，神化达于极致，不仅是一足智多谋凡人，且成了一可以施展各种法术之神人。

据说姜子牙早年师从元始天尊，学道于昆仑山，修成后奉师命下山辅佐周室。《战国策·秦策五》又说他是"齐之逐夫，朝歌之废屠，子良之逐臣，棘津之仇不庸"，是个不受欢迎者，可文王用了他却能王天下。《吕氏春秋·首时》也说他是"东夷之士"，说他"欲定一士而无其主，闻文王贤，乃钓于渭以观之。"

姜子牙世称"姜太公"，另外又被称为"太公望"。为什么会有"太公望"一名，《史记·齐太公世家》如此解释：

太公望吕尚者，东海上人。本姓姜氏，从其封姓，故曰吕尚。吕尚盖尝穷困，年老矣，以渔钓奸周西伯。西伯将出猎，卜之，曰："所获非龙非螭，非虎非罴；所获霸王之辅。"于是周西伯猎，果遇太公于渭之阳，与语大说，曰："自吾先君太公曰'当有圣人适周，周以兴。'子真是邪？吾太公望子久矣。"故号之曰"太公望"，载与俱归，立为师。

周西伯昌之脱羑里归，与吕尚阴谋修德以倾商政，其事多兵权与奇计，故后世之言兵及周之阴权皆宗太公为本谋。周西伯政平，及断虞芮之讼，而诗人称西伯受命曰文王。伐崇、密须、犬夷，大作丰邑。天下三分，其二归周者，太公之谋计居多。

文王崩，武王即位。九年，欲修文王业，东伐以观诸侯集否。师行，师尚父左杖黄钺，右把白旄以誓，曰："苍兕苍兕，总尔众庶，与尔舟楫，后至者斩！"遂至盟津。诸侯不期而会者八百诸侯。诸侯皆曰："纣可伐也。"武王曰："未可。"还师，与太公作此《太誓》。

司马迁之释读是不是信史，不必太追究，毕竟他离姜子牙那时代，已经将近千年。或许司马迁和我们一样，也只是"据说"而已。

2. 姜太公钓鱼愿者上钩

姜氏其人是否真有，尚不能定，"姜太公"这形象，在中华文化中占据很重要地位，却是确定无疑的。

"姜太公钓鱼，愿者上钩"这句话，几乎每一个中国人，不管他是教授还是文盲，都能说，也都能用，而且用得恰到好处。他作为"钓者"形象，永远活在中华文人心里；他作为"驱神役鬼者"形象，永远活在那些地位卑贱、永恒无望、不得不踏入迷信一途的中国农民心中。

姜太公蹲在渭水边，本不是为钓鱼，这一点是很清楚的。《武王伐纣平话》说他不用香饵，不用弯钩，而用直钩，且

钩离水面三尺,显然有悖钓鱼常规。其言曰:

当日,姜尚西走至岐州南四十里,虢县南十里,有渭水河岸,有磻溪之水。姜尚因命守时,直钩钓渭水之鱼,不用香饵之食,离水面三尺,尚自言曰:"负命者上钩来!"

3. 太公涓钓隐溪

清代马骕《绎史》说得更为具体,其卷中九引《苻子》云:

太公涓钓隐溪,五十六年矣,不得一鱼。季连往见之。太公涓跽石隐崖,不饵而钓,仰咏俯吟,暮则释竿。其膝所处石皆如臼,其跗触石若路。季连曰:"钓本在鱼,无鱼何钓?"公曰:"不见康王父之钓乎?涉蓬莱,钓巨海,摧岸投纶,五百年矣,未尝得一鱼,方吾犹一朝耳。"果得大鲤,有兵铃在其中。

很显然,姜太公钓鱼是假,求明主才是真。钓鱼实是一种等待,等待机会,其所钓者,钓的就是"机会"、"时机"或者"机缘"。

后世模仿姜太公者,大有人在。清末袁世凯就曾回河南老家"隐钓",以向清廷施加压力,为自己谋得更大权力。

二、万里清江雪满船

姜太公是属于那类还没有熄灭功名心之钓者，此类钓者是积极的、入世的。与之相反的另一类钓者，已经熄灭功名心与利禄心，心静如水，所钓只是一片"闲适"。

这一类钓者，也是志不在鱼，但与姜太公之志不在鱼，是有着根本区别的。他们并不谋求"时机"与"机缘"，他们追求的，只是生活平静，与心灵安宁。说他们"避世"，或许太言重了，但他们至少是超凡脱俗的。

1. "渔父"教导孔子不要多管闲事

庄子（约公元前369—前286）在濮水边钓鱼，楚威王派去两使者，明确告诉他，是想让他出山主政，掌管楚国国事。庄子"持竿不顾"，用楚国"神龟"故事，把两位使者赶走。

对姜太公流，这是难得机会；但对庄子流，却是一种讨厌打扰。庄子对使者来访感到厌烦，所以才用那么尖刻的话，赶他们走。

太公钓于渭水，渭水在陕西；庄子钓于濮水，濮水在山东。一西一东，正代表着两种心态，两种文化。步太公后尘者众，步庄子后尘者，亦大有人在。《庄子·渔父》篇给我们塑造的"渔父"，可说是这方面的一个典型。

"渔父"须眉洁白，披发扬袖，撑船溯岸而至。当他从子贡口中，得知孔子是一"性服忠信，身行仁义，饰礼乐，

第八章　从愿者上钩到闲钓江鱼

选人伦"入世者时，持竿撑船而走，认为孔子离"道"实在太远了。

子贡回来，告诉孔子这事，正在唱歌弹琴的孔子，"推琴而起"，赶到河边，叫住"渔父"，向"渔父"请教"咳唾之音"。"渔父"于是教导孔子不要多管闲事：

田园室露，衣食不足，征赋不属，妻妾不和，长少无序，庶人之忧也；

能不胜任，官家不治，行不清白，群下荒怠，功美不有，爵禄不持，大夫之忧也；

迁无忠臣，国家昏乱，工技不巧，贡职不美，春秋后伦，不顺天子，诸侯之忧也；

阴阳不和，寒暑不时，以伤庶物，诸侯暴乱，擅相攘伐，以残民人，礼乐不节，财用穷匮，人伦不饬，百姓淫乱，天子有司之忧也。

今子既上无君侯有司之势，而下无大臣职家之官，

而擅饰礼乐，选人伦，以化齐民，不泰多事乎！

"渔父"对孔子之批评，真是一针见血：无权无职，竟伋伋于国治天下平而不返，的确是狗拿耗子，多管闲事！几千年来中华文人，就是改不了这多管闲事臭脾气，打他骂他，他还是要管，关他杀他，他还是要管，实为他种文明所罕见！

接下去"渔父"用了一大串难听文字去骂孔子，说他"佞"、说他"谄"、说他"谀"、说他"叨"、说他"贪"、

说他"矜",说他得了病。

天下是别人的天下,职位是别人"赐"予的,为这样的国家与这样的天下,而惶惶不可终日,何其卑贱!孔子居然还不明白此道理,不明白为什么他会"再逐于鲁,削迹于卫,伐树于宋,围于陈蔡",真是浅陋。遭受这众多侮辱,仍不思悔改,仍欲"知其不可为而为之",又近于愚讷!

好在庄子笔下之孔子,还算灵敏,较实际之孔子,要"懂事"一些。在听完"渔父"好一阵数落与开导后,孔子客客气气、毕恭毕敬,目送"渔父",沿着长满芦苇河岸,撑船而去。他在河边发呆,待了很久,直等到水面波纹定了,听不到撑船声音了,才敢上车。

这一"渔父"不是一般地反对"入世",而是反对孔子这样"多管闲事"式的"入世",所以这"渔父"态度,不能算是"避世"的。这态度的本质,是强调天下万物,各尽其天职,由此而织成一个自由、合理社会。于个人言,这一态度强调心灵安适,不管干什么,一定得保一个"心安"。

东汉严光严子陵隐于富春江垂钓时,所持就是这样一种态度。子陵乃是光武帝刘秀同窗,他想"入世"而为高官,不能说没有机会。但他心不在此,刘秀做了皇帝,召他入京做官时,他拒绝了。他不愿出仕,也许只因为他觉得,在仕途上,他的心得不到安顿。而在这群山夹崎、峭壁陡立、巉光突起美丽的富春江畔,却可以找到安身的居所。

东汉以来,他之倍受赞颂,代代如此,大概就是因为这一点:他不愿去做违"心"事,他也没有去做违"心"事,在本来有机会情况下。

2. 此翁取适非取鱼

与庄子、庄子笔下之"渔父"和东汉子陵之态度一脉相承者,还有唐天宝进士、嘉州刺史岑参"岑嘉州"(约715—770),其《观钓翁》诗云:

> 竿头钓丝长丈余,
> 鼓枻乘流无定居。
> 世人哪得解深意,
> 此翁取适非取鱼。

"取适"就是求一个"心安",就是不去做违"心"的事情。对于这点,贞元进士白居易白乐天(772—846)也深有体会:

> 说我垂钓意,人鱼又兼忘。
> 无机两不得,但弄秋水光。
> 兴尽钓亦罢,归来饮我觞。

这是他在故乡渭水之滨垂钓时,所持心态。同样是渭水,姜太公垂钓是钓"机会",而乐天垂钓,则是为了钓"兴致"、钓"闲适",水相同而心有异。乐天垂钓,是乘"兴"而往,兴起则钓起,兴尽则钓罢,此种心境与岑参之"取适",可谓大致相同,都是在求一"心安"。

3. 万里清江万里天

"取适""乘兴"与"心安",融为一体,在唐龙纪进士、极得昭宗赏识的韩偓韩政尧(842—923)诗里,达成一种无限美妙境界:

> 万里清江万里天,
> 一村桑柘一村烟。
> 渔翁醉著无人唤,
> 过年醒来雪满船。

白发"渔翁",醉卧舟中,风悄悄兮水悄悄,漫天飞雪,静白原野。一觉醒来,万物银装素裹,周遭白茫一片,"渔翁"心,仿佛突然透明起来,一丝不挂,毫无滞碍,照得见大地,照得见万物,照得见自己,也照得见宇宙真谛!

致尧"渔翁"境界,可说已近极致!

三、孤舟独钓寒江雪

第一类"渔夫""钓者"是积极的、入世的;第二类"渔夫""钓者"是平和的、脱俗的,言重些,是避世的;这第三类"渔父""钓者"则是反抗的、非世的,或愤世的。

第一类人,是钓"机会"或"时机";第二类人,是钓

第八章　从愿者上钩到闲钓江鱼

"闲适"或"心安";第三类人,是钓"孤傲"与"抗议"。

1. 沧浪之水浊兮濯吾足

屈原(约公元前340—前284)被放逐后,在沅水畔所遇之"渔父",所持就是第三种态度。"渔父"问屈原为何被逐,屈原说是因为"举世皆浊我独清,举世皆醉我独醒"。于是"渔父"唱道:

> 沧浪之水清兮,可以濯吾缨;
> 沧浪之水浊兮,可以濯吾足。

王侯英明,便去洗净簪缨为他管理朝政;王侯昏庸,干脆隐居钓鱼算了,何必深思远虑,自寻烦恼呢?屈原表示宁可自沉湘流,葬身鱼腹,也决不随波逐流,蒙承世俗尘埃。"渔父"于是唱着沧浪歌,悠然离去。

这个"渔父"与庄子笔下之"渔父",有所不同,他们心态,有很大差异。庄子笔下"渔父",是反对"多管闲事",王侯昏庸与否,是他自己事;而此处"渔父",却只是反对在王侯昏庸时出仕理政,认为在王侯英明时,可以去管"闲事"。

前者是一般地反对"多管闲事",后者是有条件地反对"多管闲事",态度迥异。前者所主张之隐钓,是自愿的、顺心的;后者所主张之隐钓,则是被迫的、违心的。前者追求的是"心安",后者追求的是"反抗"。

屈原不可能接受自愿、顺心之隐钓,也不愿接受"渔父"建议给他的被迫、违心之隐钓,他之自沉汨罗,便成必然结局。庄子笔下之孔子,还比较灵敏,比较有自知之明,恭恭敬敬听取"渔父"意见;相比之下,屈原便要木讷得多、固执得多。后世文人,固有择屈原而从者,但择"渔父"而从者,亦不在少数。

2. 渔翁夜傍西岩宿

不满世俗,却无力去改变,不满现状,却不敢去批评,不受重用,却无法去抗争,这是此类"渔父""钓者"之典型处境。达时当然去"兼济天下",穷时"独善其身"也不能太苦自己,诗酒琴棋而外,垂钓便成最好选择。

"放歌荡漾芦花风""一叶随风万里身",便成了落魄文人追求的理想生活。

唐贞元进士、监察御史里行柳宗元柳子厚(773—819),因参加王叔文政治革新集团,被贬为永州司马,后迁柳州刺史。永州期间,子厚营造园林一座,名"愚溪",其中亭、岛、泉、池,一律以"愚"命名,以示自己之"愚"。

但子厚却是形愚神不愚、身愚心不愚,其内心反抗、对现状怨恨,不自觉跃然纸上:

渔翁夜傍西岩宿,
晓汲清湘燃楚竹。

> 烟销日出不见人,
> 欸乃一声山水绿。
> 回看天际下中流,
> 岩上无心云相逐。

子厚借"渔翁"之与众不同,来发泄心中不满。"渔翁"本当白天捕鱼,日暮归家,可子厚之"渔翁"却很古怪,天晚不归家,竟泊舟西岩,亦即永州西山,过宿了,多么潇洒不羁!

醒来汲湘江清水,燃岩上枯竹,然后引吭高歌,泛舟乘流,悠然而去。歌声在青山碧水间回荡,悠长而哀婉。回望天水之际,西岩上飘游白云,仿佛也在为"渔翁"鸣不平,紧逐渔舟,不愿离去……

3. 斜风细雨不须归

特立独行表现"渔翁"之"孤傲",孤傲是一种反抗。"清高"与"固执"更是一种无声"抗议":

> 千山鸟飞绝,万径人踪灭。
> 孤舟蓑笠翁,独钓寒江雪。

泛孤舟,穿蓑衣,戴斗笠,在众鸟飞尽荒山野外,沿杳无人迹山野小径,冒着凛冽严寒与漫天风雪,独自一人到江中钓鱼,何其孤绝,何其清高,何其凛然不可侵犯!

不顾天冷雪大，人烟全无，毅然前往，何其犟拗，何其固执！没有怨恨，心中没有不平者，大概是不会这样做的。

韩偓韩致尧之"渔翁"，醉卧舟中，醒来白雪满船；柳宗元柳子厚之"渔翁"，忍寒冒雪，傲钓江中，凛然不可侵犯。同样是独，同样是江，同样是雪，但一醉一醒，一逸一犟，心境绝然不同。

自号"烟波钓叟"的晚唐诗人张志和张子同（约732—810）隐居江湖，寄情山水，据说也是"每垂钓不设饵，志不在鱼也"。他写过多首《渔父》诗，其一云：

> 西塞山前白鹭飞，
> 桃花流水鳜鱼肥。
> 青箬笠，绿蓑衣，
> 斜风细雨不须归。

此处"渔父"形象，与子厚笔下之"渔父"，大致相同，区别只在一顶风冒雨，一忍寒冒雪。同题另一首云：

> 雪溪湾里钓鱼翁，
> 舴艋为家西复东。
> 江上雪，浦边风，
> 笑著荷衣不叹穷。

其心态亦是孤傲得很！

4. 籴粮炊饭放归船

此方面之诗作，郑燮郑板桥（1693—1765）之《渔家》，亦很有意境：

> 卖得鲜鱼百二钱，
> 籴粮炊饭放归船。
> 拔来湿苇烧难着，
> 晒在垂杨古岸边。

板桥系清康熙秀才、雍正举人、乾隆进士，一生不得志，长期在扬州卖画为生，他所塑造之"渔父"，也是属于愤世嫉俗那种。蹲在江边，其志不在鱼，他们只是想借"独钓"来表明自己心中不平、不满与抗争。

所以他们之心态，是"愤世"的、"非世"的；他们之行为，本身就代表一种"反抗"与"抗议"。在中华历史上，此种"渔父"何其多多！有多少文人以"不识字渔父"自嘲，表达他们对朝廷轻视知识学问，对文人无社会地位现状之不满与抗议，发泄满腔辛酸与怨怒，其"非世"之态，一览无余！

可以说，此类"渔父"之多寡，乃是衡量一社会进步与否之标志。社会不合理、不自由，此类"渔父"自然就多；社会合理、自由，此类"渔父"当然就会减少，甚至绝迹。

四、只钓鲈鱼不钓名

除上述三类"渔父"外,另有一类"渔父"或"钓者",除了钓鱼,什么也不钓,他们属于"志在鱼"之的真正"渔父"。

前三类都是"志不在鱼",只有这一类,才是真正"志在鱼"的。

1. 闲钓江鱼不钓名

接近此种境界者,有很多。唐崔道融认为自己是"闲钓江鱼不钓名",杜牧(803—852)主张"白发沧浪上,全忘是与非"(《渔父》),欧阳炯欲求"摆脱尘机上钓船,免教荣辱有流年"(《渔父歌》),宋人葛长庚亦主张"只钓鲈鱼不钓名",都是渔瘾很足,钓劲很大的。

不管他们能否真正做到此点,他们之追求,总是值得尊重的。有很多事情,本来就是想得到做不到,吾人又何必苛求前人呢?

另有一"钓者",值得我们一提,那就是庄子笔下"任公子"。据说其钓绳又粗又黑,钓钩又大又重。他用五十头犍牛做诱饵,蹲在会稽山,投竿于东海,天天如此,却整年钓不到鱼。

忽而有大鱼吞钩,牵动钓丝沉下水去,翻腾奋鳍,白浪如山,海水震荡,声若鬼神,震惊千里。任公子奋力钓上,剖开腊干，浙江以东、苍梧以北之广大居民，尽皆饱餐之。

任公子当是任国之公子，是否确有其人，很难考订。他能否以如此大动作，如此足气魄，去钓一条如此大鱼，更是疑点很多。但不管怎样，任公子垂钓故事，已经告给吾人一个道理：要想钓大鱼，就得到大海去，举着小竿细绳，在小水沟边守候，是无论如何钓不到大鱼的！

2. 渔者余且得予

除了任公子而外，《庄子·外物》《史记·龟策列传》、元好问集七言古诗《虞坂行》等文献，还记载了另一位真钓鱼或钓真鱼之"渔父"——余且：

宋元君夜半而梦人被发窥阿门，

曰："予自宰路之渊，予为清江使河伯之所，渔者余且得予。"

元君觉，使人占之，曰："此神龟也。"

君曰："渔者有余且乎？"左右曰："有。"君曰："令余且会朝。"

明日，余且朝。君曰："渔何得？"

对曰："且之网，得白龟焉，其圆五尺。"君曰："献若之龟。"

龟至，君再欲杀之，再欲活之，心疑，卜之，

曰："杀龟以卜，吉。"乃刳龟，七十二钻而无遗策。

仲尼曰："神龟能见梦于元君，而不能避余且之网；

知能七十二钻而无遗策，不能避刳肠之患。

如是，则知有所困，神有所不及也。

虽有至知，万人谋之。鱼不畏网而畏鹈鹕。

去小知而大知明，去善而自善矣。"（《庄子·外物》）

其大意是：宋元君夜半梦人披发窥其侧门，说："我来自宰路之渊，作为清江使者。准备出使河伯那里，却被渔夫余且捉住。"元君醒后，请人占卜，卜说"这是神龟"，于是元君问："真有一个叫余且的渔夫吗？"左右答曰："真有。"元君于是下令："令余且来朝见！"

第二天余且来朝，元君问："你捕到什么了？"渔夫回答说："我网到过一只白龟，周身五尺长。"元君令其把龟献上。得龟后，元君"再欲杀之，再欲活之"，心中犹豫不决。于是又请人占卜、卜说"杀龟以卜，吉。"于是龟被杀，用此龟占了七十二卦，卦卦应验。

孔子就此事评论说："神龟能托梦给元君，却未能躲掉余且的渔网；能占七十二卦而全部应验，却未能免掉被刳肠的祸患。故曰知亦有所困，神亦有所不及。纵使智识再高，还需万人共谋。……人能去小知则大知方明，去自以为善则善方显。婴儿生来无大师便能说话，只因他常和会说话的人在一起。"

显然，神龟被杀，不能归咎于"渔父"，因为余且并没有意杀它来占卜。

3. 欧西"渔父"急功近利

"渔父"和"钓者"形象，代表中华文人心中理想人格，这人格特征如何，和欧西"渔父"一比较，便一目了然。

欧西也有他们自己之"渔父"，这些"渔父"都是随俗、入世、颇具功利心的。

在古希腊作家伊索（Aisopos）"寓言"里，吾人随处可看到此种"渔父"。伊索生当公元前6世纪，约与孔丘孔仲尼（公元前551—前478）同时，其所建构之"渔父"形象，深深影响了欧西文化之发展。

《伊索寓言》说，有一"渔夫"在河里捕鱼，拦河张网，且用绳子拴石头，不停击水，以让鱼群逃窜，懵懵懂懂扎进其网。有人责怪"渔夫"搅浑水，让大家没清水喝，"渔父"回答说："不把河水搅浑，我就得饿死。"

这"渔夫"之功利心，十分显明。中华"渔父"，是"志不在鱼"，欧西"渔夫"，却是"志在鱼"，为了弄到鱼，甚至可以不惜一切代价。

"渔夫与鲲鱼"寓言，更具体说明了此点。有一"渔夫"到海上打鱼，一网下去，捕得一条鲲鱼。鲲鱼求"渔夫"暂且放掉它，让它日后长大了，再来供"渔父"食用。可"渔夫"对这条小小鲲鱼，毫不客气，断然拒绝说："我放弃手中现成的利益，而去追求未来渺茫的东西，岂不成了大傻瓜！"

此处欧西"渔父"，不仅是常具功利心的，且还是急功近利的，急功近利得近乎残忍。"志不在鱼"之中华"渔父"，决不会为钓不到鱼、捕不到鱼而伤心，而急功近利欧西"渔父"，则会为此痛苦不已。

同样是伊索，又告诉我们如下寓言，说是有一些"渔夫"起网，网很沉，以为收获一定颇多。拉到岸边一看，得鱼并不多，网里装的，是一块大石头。这些"渔夫"懊丧极了，伤心极了。最后只得由老"渔夫"出面，劝慰他们说："朋友们，别难过，痛苦本是欢乐的姐妹。我们刚才已高兴过了，现在也该苦恼苦恼了。"

中华"渔父"，都不是急功近利的，就连带有功名心的前述第一类"渔父"，也并不急功近利；

中华"渔父"，又都是"志不在鱼"的，就连有点"志在鱼"的前述第四类"渔父"，也决不会为没有捕到鱼，或没有捕到很多鱼，而伤心，而懊丧；

中华"渔父"，又更是超凡脱俗的，他们来到水边，只欲调整自己情绪，让自己心境，如碧澄之水，上达于一种澄明透彻境界。

而这正是中华文人所欲追求之理想人格。

附录：都城营建要贯彻"得水为上"之精神

据《朱子语类辑略》卷一记载，南宋理学大师朱熹（1130—1200）曾有一段描写"冀都"之文字，涉及"得水为上"之核心理念。其言曰：

冀都是天地中间好个风水。山脉从云中发来，云中止。高脊处。自脊以西之水，则西流入于龙门、西河；自脊以东之水，则东流入于海。前面一条黄河环绕。右畔是华山，耸立为虎。自华山东来为嵩山，是为前案。遂过去为泰山，耸于左，是为龙。淮南诸山是第二重案，江南诸山及五岭，又为第三、四重案。

大抵相地之法，得水为上。故京师万水朝宗，金陵长江深阔。水深处民多富，水浅处民多贫，水聚处民多稠，水散处民多离。不管水是不是龙之血脉筋节，建成郭室舍，有水比无水确要好得多。

水不仅可增美自然景观，而且可供给舟楫之便。所以古人建都立邑，皆据形势、相水泉。当然也并非有水就好，水是很有讲究的。古人相水，不仅重其深聚，而且重其形廓。当面大水汪洋之"朝怀水"，就是好水；而窄浅拍脚之"割脚水"便显得有些寒酸。

一座城池或建筑，只要有了水，便分外生色，即使无山，亦无伤大雅。汴梁城龙亭前之左右潘、杨二湖，就使古城大为增色，烟波浩渺，流水潺潺，让人流连忘返。

明清作为帝都营建之北京城，既不在大河边，也不在大湖边或大海边，可以说是缺"水"的。所以北京城之营建要贯彻"得水为上"之精神，就有必要补"水"。于是便有所谓引水入城。

就大范围说，北京全城之引水入城工程，规模十分巨大；就小范围说，紫禁城内之金水河，亦是引水而为帝宫血脉，金水河之引入路径，严格遵循中华山水哲学中"水格"之定则设计，自乾方（西北方，天门）引入，而从巽方（东南，地户）流出；同时又满足"环抱有情"之水要求，让河水绕行武英殿、太和门之前，构成"金城环抱"之势。流经天安门前之外金水河，亦是遵循同一准则，该水亦是向南凸成"金城环抱"之势。在北京城之全部水流中，绝看不到"直水"。

中华山水哲学之典型格局，是北有靠山，南有弯环朝抱之水。水不仅是地理需要，在中国人心里，它还是财源之象征。所以中国古城之营建与设计，或临水而建城，或引水而入城，无一不格外重视水之作用。就中国之城建而言，有城

附录：都城营建要贯彻"得水为上"之精神

无水是不可想象的。

地面建筑如此，地下建筑之营建，亦无一不是在此方面费尽心机。后人修筑先帝之陵，均严格依照中华山水哲学进行选址设计，均要选取"枕青山、面秀水、葬龙脉"之佳地。炎、黄、尧、舜、禹等陵，无一不是如此。

据《管氏地理指蒙》，黄帝所葬之地桥山，便是"在大河之南，脉自积石逾河，衍者丰饶而广被也"。又说"舜葬于苍梧，在大江之南，脉自荆汉逾江"。按《禹贡》之"三龙四列"说，黄陵和舜陵均处龙脉之上，故能福泽江河，荫庇天下万民。

出版后记

中华文明源远流长。在漫长的历史岁月中，我们中华民族创造了辉煌灿烂的文化成就，践行着自己朴素而真诚的人生和社会理想，追寻着具有鲜明特色的伦理价值和审美境界，展示出丰富、生动、深邃的思想智慧。在很长一段时间内，中国文化在世界文明体系中居于领先地位，其影响力和感染力无比强大，从而在铸就中华民族独特灵魂的同时，也为人类文明的发展和进步作出了重要的贡献。

明清之际，由于复杂的原因，中国社会没有能够有效地完成转型，逐步走向封闭和衰落。鸦片战争的失败，更使中国面临数千年未有之变局，使中华民族沦入生死存亡的艰难境地。为了救国于危难，当时的仁人志士自觉不自觉地把目光投向西方，投向西学，并由此对中国传统文化进行了激烈的批判。从洋务运动、戊戌变法，一直到五四新文化运动，

出版后记

在近代中国救亡图存的历史语境中，传统文化的观念和形态，常常被贴上落后、愚昧的标签，乃至被指斥为近代中国衰落和灾难的祸根，就连汉字和中医这样与国人生命息息相关的文化形态，也受到牵连和敌视，被列入需要废除的清单。对本民族文化的这种决绝态度，在世界各民族的历史上都是罕见的，它既反映了我们中华民族创新发展的非凡勇气，也从一个重要侧面，印证了中华传统文化的顽强和深厚。

今天，历史已经走进21世纪，我们中华民族经过不懈的努力和奋斗，迎来了快速发展的良好机遇，国家强盛、民族复兴的曙光就在前方。在这样的时候，在这样的历史背景下，重温我们民族的辉煌、艰难历史，重新认知我们民族的优秀文化和高贵传统，不仅是一种自然的趋势，也是一项庄严的历史使命。理由很简单，我们中华民族要在全球化的背景下真正实现伟大复兴，必须具有足够的凝聚力和创造力，必须具有强烈的自尊心和自信心，而这一切，离不开对本民族优秀文化基因的认同和感念，离不开对优秀传统的继承和弘扬。从这个意义上说，中国传统文化是不绝的源泉，是清新而流动的活水。我们组织出版《中国文化经纬》系列丛书，正是为了汲取丰富的精神滋养，激发我们前行的力量。

本书系计划出版100卷，由著名的中国文化书院组织编写，内容涵盖中国传统文化的各个方面和层级，涉及文学、历史、艺术、科学、民俗等多个领域，力求用通俗易懂的语言，用较少的篇幅，使广大读者对中国历史文化有较为全面的认识，对中国精神和中国风格有较为深切的感受。丛书的作者均为国内知名专家，有的是学界泰斗，在国内外享有盛誉，他们的思想视野、学术底蕴和大家手笔，保证了丛书的学术品质和精神品格。

这是一套规模宏大、富有特色的中国传统文化读本，这是专家为同胞讲述的本民族的系列文明故事，我们期待您的关注和阅读，也等待您的支持和批评。

中国书籍出版社
2015年9月

中国文化经纬·第一辑

从黄帝到崇祯：二十四史 / 徐梓　著
华夏文明的起源 / 田昌五　著
孔子和他的弟子们 / 高专诚　著
老子与道家 / 许抗生　著
墨子与墨学 / 孙中原　著
四书五经 / 张积　著
宋明理学 / 尹协理　著
唐风宋韵：中国古代诗歌 / 李庆　武蓉　著
易学今昔 / 余敦康　著
中国神话传说 / 叶名　著

中国文化经纬·第二辑

敦煌的历史与文化 / 宁可　郝春文　著
伏尔泰与孔子 / 孟华　著
利玛窦与徐光启 / 孙尚扬　著
神秘文化的启示：纬书与汉代文化 / 李中华　著
中国古代婚俗文化 / 向仍旦　著
中国书法艺术 / 陈玉龙　著
中国四大古典悲剧 / 周先慎　著
中国图书 / 肖东发　著
中国文房四宝 / 孙敦秀　著
中印文化交流史 / 季羡林　著

中国文化经纬·第三辑

先秦名家研究 / 许抗生　著
中国法家 / 许抗生　著
中国古代人才观 / 朱耀廷　著
中国吉祥物 / 乔继堂　著
中国科举考试制度 / 张希清　著
中国人的时间智慧：一本书读懂二十四节气 / 张勃　郑艳　著
中国人生礼俗 / 乔继堂　著
中国文化在朝鲜半岛 / 魏常海　著
中华理想人格 / 张耀南　著
中华水文化 / 张耀南　著